CONTEÚDO DIGITAL PARA ALUNOS

Cadastre-se e transforme seus estudos em uma experiência única de aprendizado:

1 Escaneie o QR Code para acessar a página de cadastro.

2 Complete-a com seus dados pessoais e as informações de sua escola.

3 Adicione ao cadastro o código do aluno, que garante a exclusividade de acesso.

1073749A1460230

Agora, acesse:
www.editoradobrasil.com.br/leb
e aprenda de forma inovadora e diferente! :D

Lembre-se de que esse código, pessoal e intransferível, é válido por um ano. Guarde-o com cuidado, pois é a única maneira de você utilizar os conteúdos da plataforma.

Editora do Brasil

APOEMA
ARTE
7
COLEÇÃO APOEMA
ARTE

AUBER BETTINELLI
- Formado em Desenho Industrial com habilitação em Programação Visual pela Faculdade de Comunicação e Arte do Mackenzie
- Ator e coautor de ações artísticas que mesclam o teatro, a literatura e a educação em trabalhos coletivos
- Autor, pesquisador, formador e coordenador de projetos em educação e arte-cultura
- Desenvolvedor de materiais, jogos educativos e intervenções poéticas

CAMILA CARRASCOZA BOMFIM
- Formada em Contrabaixo pela Faculdade de Artes Alcântara Machado
- Mestre e doutora em Musicologia pelo Instituto de Artes da Unesp
- Professora e autora de artigos e capítulos de livros de educação musical
- Musicista e contrabaixista

STELLA RAMOS
- Formada em Educação Artística pela Unicamp
- Pesquisadora, formadora, mediadora e coordenadora de projetos em educação e arte-cultura
- Desenvolvedora de materiais, jogos educativos e intervenções poéticas
- Pesquisadora e arte-educadora em artes visuais

TALITA VINAGRE
- Formada em Ciências Sociais pela PUC-SP
- Mestre em Ciências Sociais pela PUC-SP
- Pesquisadora em dança contemporânea
- Arte-educadora em dança

TIAGO LUZ DE OLIVEIRA
- Formado em Direção Teatral pela Escola de Comunicações e Artes da USP
- Mestre em Artes Cênicas pela Escola de Comunicações e Artes da USP
- Pesquisador e arte-educador em teatro em espaços culturais

1ª edição
São Paulo, 2019

Editora do Brasil

Dados Internacionais de Catalogação na Publicação (CIP)
(Câmara Brasileira do Livro, SP, Brasil)

Apoema arte 7 / Auber Bettinelli...[et al.]. – 1. ed. – São Paulo: Editora do Brasil, 2019. – (Coleção apoema)

Outros autores: Camila Carrascoza Bomfim, Stella Ramos, Talita Vinagre, Tiago Luz de Oliveira.
ISBN 978-85-10-07547-3 (aluno)
ISBN 978-85-10-07548-0 (professor)

1. Arte (Ensino fundamental) I. Bettinelli, Auber. II. Bomfim, Camila Carrascoza. III. Ramos, Stella. IV. Vinagre, Talita. V. Oliveira, Tiago Luz de. VI. Série.

19-26967   CDD-372.5

Índices para catálogo sistemático:
1. Arte : Ensino fundamental 372.5

Maria Alice Ferreira – Bibliotecária – CRB-8/7964

© Editora do Brasil S.A., 2019
Todos os direitos reservados

Direção-geral: Vicente Tortamano Avanso

Direção editorial: Felipe Ramos Poletti
Gerência editorial: Erika Caldin
Supervisão de arte e editoração: Cida Alves
Supervisão de revisão: Dora Helena Feres
Supervisão de iconografia: Léo Burgos
Supervisão de digital: Ethel Shuña Queiroz
Supervisão de controle de processos editoriais: Roseli Said
Supervisão de direitos autorais: Marilisa Bertolone Mendes

Coordenação editorial: Maria Helena Webster
Consultora de Artes e Linguagens: Gisa Picosque
Edição e preparação de texto: Camila Kieling e Nathalia C. Folli Simões

Pesquisa iconográfica: Priscila Ferraz e Tempo Composto Ltda.
Assistência de arte: Carla Del Matto
Design gráfico: Patrícia Lino
Capa: Megalo Design
Imagem de capa: Museu do Estado de Pernambuco - MEPE, Recife. Fotografia: Romulo Fialdini/Tempo Composto
Ilustrações: André Toma, Andrea Ebert e Marcos Guilherme
Coordenação de editoração eletrônica: Abdonildo José de Lima Santos
Licenciamentos de textos: Cinthya Utiyama, Jennifer Xavier, Paula Harue Tozaki e Renata Garbellini
Produção fonográfica: Marcos Pantaleoni
Controle de processos editoriais: Bruna Alves, Carlos Nunes, Rafael Machado e Stephanie Paparella

Produção: Obá Editorial
Direção executiva: Diego Salerno Rodrigues, Naiara Raggiotti
Equipe editorial: Alessandra Borges, Felipe Ramos Barbosa, Gabriele Cristine B. dos Santos, Karen Suguira, Nara Raggiotti e Patrícia da Silva Lucio
Revisão: Amanda Zampieri, Bartira Costa Neves, Beatriz Simões Araujo, Daniel Libarino, Daniela Lopes Vilarinho, Elaine Silva e Maurício Katayama
Equipe de arte: Gustavo Abumrad (coord.), Bárbara Souza, Christian Herrman, Cristina Flores, Daniela Capezzutti, Gleison Palma, Kleber Bellomo, Renata Toscano e Rosemeire Cavalheiro

1ª edição / 1ª impressão 2019
Impresso na Ricargraf Gráfica e Editora Ltda.

Rua Conselheiro Nébias, 887
São Paulo, SP – CEP 01203-001
Fone: +55 11 3226-0211
www.editoradobrasil.com.br

APRESENTAÇÃO

Caro aluno e cara aluna,

Este livro é um convite para uma caminhada por trilhas e clareiras que vão permitir a você refletir, criar, se expressar – e assim dialogar de forma singular e prazerosa com as artes.

Você convive com a arte no seu cotidiano. Ela está presente, de forma espontânea ou intencional, de muitas maneiras: no som e nos gestos das pessoas, nos refrãos que são cantarolados despreocupadamente, nas manifestações culturais, no sabor que vem do aroma da cozinha, no *design* de objetos, na pintura corporal indígena, na expressão da cultura afro-brasileira, nos grafites coloridos de uma parede, nos monumentos históricos – enfim, em variadas expressões.

Nosso convite é para que você seja o personagem principal nesse cenário e, assim, deixe de ser apenas um observador e participe intensamente dos processos que propomos aqui – investigando e fazendo descobertas de acordo com as próprias experiências, ideias e valores ao perceber com a mesma curiosidade o que está próximo e parece familiar e o que está distante e pode gerar estranhamento. Nesses diálogos, você vai poder dar novos significados ao que está ao seu redor e até mesmo olhar o mundo como um grande campo de possibilidades.

Sua cidade faz parte de você e você faz parte dela. Umas das formas de estabelecer essa relação é pelos caminhos da arte. A construção desses significados inicia-se quando paramos, refletimos e formulamos um pensamento em relação a eles.

Para que isso ocorra, ao longo do livro, você será o convidado principal para falar com base em sua percepção. O livro possibilita que você estabeleça diálogos: consigo mesmo, com seus colegas, com o professor, com sua família, com o que está ao seu redor, com o que está acontecendo em todo o mundo.

Você é o protagonista dessa história.

Você está construindo sua história.

Um abraço,

Os autores

CONHEÇA O SEU LIVRO

Este conteúdo foi desenvolvido para promover um encontro entre você e as artes, com o objetivo de torná-lo protagonista desse diálogo e de sua própria história.

ABERTURA DE UNIDADE
Abre a unidade e introduz os temas que serão tratados nos capítulos.

SEÇÃO DE DESENVOLVIMENTO
Partida: prática inicial do percurso de experiências e aprendizagens que serão apresentadas ao longo da unidade.

SEÇÃO DE DESENVOLVIMENTO
Caminhos: apresenta a jornada a partir da discussão de uma situação concreta.

ABERTURA DE CAPÍTULO
Abre o capítulo e introduz o tema a ser tratado.

ÍCONE DE ÁUDIO
Sugere um áudio disponível no Portal da coleção Apoema Arte.

SEÇÃO COMPLEMENTAR
Ampliar: apresenta novas possibilidades de pesquisa relacionadas ao tema.

SEÇÃO COMPLEMENTAR
Clareira: contextualização de movimentos artísticos ou pessoas.

SEÇÃO COMPLEMENTAR
Trajetória: entrevistas e depoimentos.

SEÇÃO DE DESENVOLVIMENTO
Trilha: explora uma das abordagens possíveis relacionada ao tema.

SEÇÃO DE DESENVOLVIMENTO
Chegada: prática final do percurso de experiências e aprendizagens ao longo da unidade.

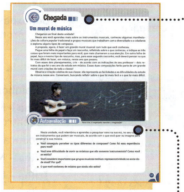

SEÇÃO COMPLEMENTAR
Autoavaliação: práticas avaliativas sobre o percurso percorrido.

SEÇÃO COMPLEMENTAR
Glossário: conceitos e vocabulários utilizados no texto.

SEÇÃO COMPLEMENTAR
Conexões: relações entre as linguagens da arte, ampliando o olhar em relação ao fazer artístico.

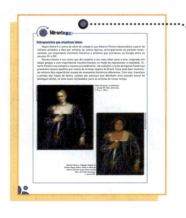

SEÇÃO COMPLEMENTAR
Mirante: contextualização com conteúdos abordados em outro componente curricular.

SEÇÃO COMPLEMENTAR
Coordenadas: aborda elementos da linguagem relacionados aos caminhos.

SUMÁRIO

■■■ UNIDADE 1 – As partes e o todo! **8**

Partida..**9**

Capítulo 1 – Somos muitos "outros" **10**

Caminhos – O outro e eu – Diversidade............12

Conexões – Diferenças e semelhanças em ritmos e estampas 16

Trilha – Nem tudo é o que vemos 19

Coordenadas – Fixar o que vemos 21

Clareira – Reinventar o outro............................24

Andança – Reconstruindo imagens 25

Trilha – Construir junto com o diferente 25

Coordenadas – Collage e assemblage: reuniões da variedade 29

Andança – Um pouco de tudo 29

Capítulo 2 – Plural e singular **30**

Caminhos – Símbolos sobre símbolos.............32

Clareira – Muitas culturas, muitas máscaras!..34

Coordenadas – Instalação! A obra que se instala no espaço!..35

Andança – Repetições e acúmulos no espaço...36

Trilha – Cortar, colar, editar e criar significados...38

Mirante – Sobreposições que atualizam ideias....40

Clareira – O artista Alberto Pereira.................41

Andança – Camadas da imagem 41

Trilha – Grupos e tradições 43

Coordenadas – Mahku – Movimento dos Artistas Huni Kuin..44

Clareira – Arissana Pataxó 49

Ampliar – Minha comunidade através das lentes da câmera.......................................49

Chegada – Meus olhos, nossa voz 51

Autoavaliação **51**

■■■ UNIDADE 2 – Em cena, juntos!....................**52**

Partida..**52**

Capítulo 1 – A cena que fazemos juntos **54**

Caminhos – Personagens e relações 56

Coordenadas – Protagonista, antagonista e coadjuvante 56

Trilha – Iguais e diferentes..............................58

Trajetória – Bruno Rudolf, ator e produtor da Companhia Solas de Vento...........................60

Trilha – Eu sou um outro 61

Trilha – Um jogo de relações...........................64

Andança – Improvisando a relação 66

Clareira – As máscaras dos super-heróis 67

Conexões – Os Bois de Parintins: dois protagonistas...68

Capítulo 2 – Modos de criar, modos de contar ... **70**

Caminhos – Teatro de grupo 72

Trilha – Modos de existir dos grupos de teatro 72

Andança – Formando imagens........................73

Trilha – Múltiplos pontos de vista 74

Trilha – Luz e sombra 76

Trilha – E por falar em bonecos... 78

Andança – Manipular e ser manipulado..........80

Mirante – Um teatro de gigantes.....................81

Trilha – A poesia dos objetos 82

Andança – Ressignificando objetos 83

Conexões – Carnaval e teatro 84

Ampliar – Silhuetas e cores que contam história 86

Chegada – Cena de objetos animados 87

Autoavaliação **87**

■■■ UNIDADE 3 – O corpo como ponte para o mundo! 88

Partida 88

Capítulo 1 – Nós dançamos! 90

Caminhos – "Dançar juntos" 92

Clareira – Quasar Cia. de Dança 92

Trilha – Tornar-se presente pelo movimento ... 93

Clareira – Angel Vianna e o "corpo filósofo" 94

Trilha – A dança é para todos.....................94

Coordenadas – Anatomia e nomes de movimentos 96

Clareira – Dança e cidadania.........................98

Andança – Despertando o corpo 99

Trilha – A composição coreográfica.................99

Andança – Composição de solos, duos e trios 100

Coordenadas – Solos, duos, trios, corpo de baile?......................................101

Capítulo 2 – Dança e raízes culturais 102

Caminhos – Como cada sociedade se expressa através da dança? 104

Clareira – Os *mudras* indianos.....................105

Andança – Criando esculturas de movimento! 106

Trilha – A dança popular.........................106

Trilha – Dançar no ritmo dos tambores 107

Andança – Percutir com o corpo em movimento 108

Coordenadas – A cintura pélvica e a dança.....109

Mirante – A miscigenação do maracatu..........110

Trilha – Danças de roda 111

Andança – Criando uma dança de roda 112

Conexões – Dança, música e ancestralidade 112

Trajetória – Beth Beli e os ritmos femininos do Ilú Obá de Min............................113

Ampliar – A dança afro no Brasil 114

Chegada – Lembrando o caminho..................115

Autoavaliação 115

■■■ UNIDADE 4 – Muitas músicas!................... 116

Partida 116

Capítulo 1 – Música para quem?.....................118

Caminhos – Construindo a música juntos......120

Trilha – O som e o silêncio 121

Andança – O som e o silêncio.....................122

Clareira – A notação musical de John Cage ...123

Trilha – Música e diversidade nas festas tradicionais brasileiras.............................124

Coordenadas – Mário de Andrade e a Missão de Pesquisas Folclóricas 126

Andança – No passo do compasso 128

Trilha – Os cantos de trabalho 129

Conexões – Outros cantos: as lavadeiras do Jequitinhonha...................................131

Capítulo 2 – Um universo de instrumentos musicais...................................132

Caminhos – Conhecendo os instrumentos musicais 134

Trilha – Famílias dos instrumentos.............135

Andança – Que instrumento é esse? 139

Trilha – A música e as mulheres.................140

Coordenadas – Muitas marimbas pelo mundo afora!...142

Mirante – Música interestelar: a cápsula espacial Voyager 144

Ampliar – Um olhar sobre a música indígena 145

Clareira – Diversidade e cidadania: o mundo em uma só orquestra....................146

Chegada – Um mural de música 147

Autoavaliação....................................... 147

■■■ ARTES INTEGRADAS – Somos muitos............ 148

Partida...148

Dançando pelo Brasil...................................150

• Norte: Carimbó – Pará....................................150

• Centro-Oeste: Cururu e Siriri – Mato Grosso, Mato Grosso do Sul e Goiás 151

• Sul: Fandango caiçara – Paraná.....................152

• Nordeste: Cavalo-Marinho – Pernambuco....153

• Sudeste: Jongo – São Paulo, Rio de Janeiro e Minas Gerais 154

Diversidade cultural: ser quem somos 155

Ritmos pessoais: danças que vêm daqui.........155

Momento lúdico 155

Chegada – Festa! 157

Autoavaliação 158

Referências..................................... 159

Documentos..160

Referências *on-line*............................160

UNIDADE 1
ARTES VISUAIS

Otávio Roth. *Face a face*, 1992. Colagem fotográfica, 8,0 m × 6,0 m.

As partes e o todo!

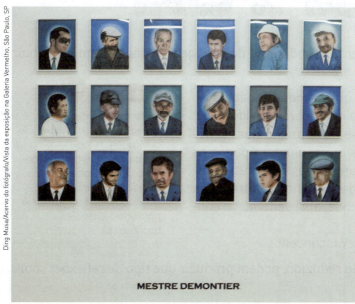

Rosângela Rennó. *Carrazeda+Cariri* [Galeria Mestre Abdom e Galeria Mestre Demontier, respectivamente], 2009. Fotografias em papel de prata/gelatina pintadas com pastel seco, 40 cm × 30 cm cada.

▮▮▮ Partida →

1. O que as imagens apresentam em comum?

Nesta unidade, vamos falar sobre a diversidade de culturas e pensamentos presentes nas várias técnicas usadas pelos artistas em suas obras. Abordaremos propostas artísticas que refletem ideias e as relações de semelhanças e diferenças entre as pessoas, assim como suas muitas formas de manifestação.

Nas obras que abrem esta unidade, podemos observar dois agrupamentos de imagens com pessoas. Nos dois casos, vemos os agrupamentos como se fossem composições visuais: imagens de pessoas organizadas em fileiras e colunas, formando um painel de rostos. Esse formato realça as divisões entre cada imagem e as variações de cores e **tons** no fundo delas. Ao estarem lado a lado nas páginas, suas semelhanças, assim como suas diferenças, ficam mais evidentes. Ao longo do Capítulo 1, vamos aprofundar nossas observações para perceber características específicas de cada uma delas.

Glossário

Tons: nas artes visuais, são as variações de intensidade que uma cor pode apresentar, assim como suas variações quando misturadas a outras cores: clara, escura, acinzentada, esverdeada, avermelhada etc.

CAPÍTULO 1

Somos muitos "outros"

Otávio Roth. *Mural cívico*, 1988. Oito painéis criados com técnica mista sobre papel montado em painel de acrílico, 1,06 m × 1,67 m cada (detalhe que mostra o preâmbulo da Constituição de 1988).

- Como as informações visuais que se repetem em cada uma das imagens acima podem contribuir para o entendimento sobre elas?

A imagem criada por Cássio Vasconcellos que vemos na página ao lado combina elementos visuais por semelhança e também por diferença. Nosso olhar tende a agrupar os elementos visuais semelhantes, desse modo, formas, cores e **texturas** são percebidas em conjunto. Apenas os elementos que não se repetem é que se destacam. Essas diferenças ampliam nossa compreensão das imagens e convidam o olhar a entrar num jogo: ao mesmo tempo que percebemos os detalhes, apreendemos o conjunto das informações visuais.

Olhe atentamente para o trabalho de Cássio Vasconcellos.

> **Glossário**
>
> **Textura:** nas artes visuais, é a qualidade de uma superfície que sugere o toque, como se transmitisse informações por meio do tato, por exemplo: sensações de mistura, entrelaçamento, rugosidade, porosidade, maciez, aspereza etc.

- Os veículos fotografados de cima, em escala reduzida, podem produzir que tipo de reflexões sobre nossa sociedade?

De modo semelhante, o painel de letras de Otávio Roth também produz um agrupamento visual. Mesmo que cada uma das letras tenha sua própria identidade, o fato de estarem organizadas dentro de quadrados com as mesmas dimensões, assim como as repetições de cores, acaba por criar um padrão visual. O artista cria um campo visual que une as letras em todas as suas variações de traço, forma e cor.

- Você já teve contato com algum texto semelhante ao formado pelas letras coloridas na obra de Roth?

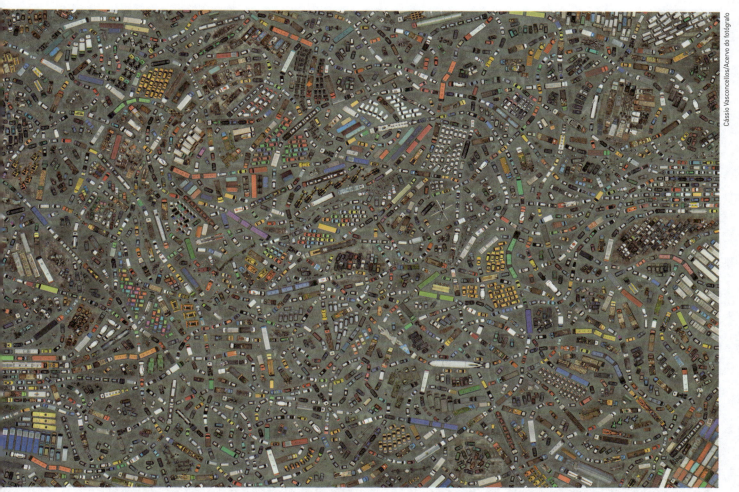

Cássio Vasconcellos.
Coletivo 2, 2018.
Fotografia, 1,5 m × 2,2 m.

Cássio Vasconcellos.
Coletivo 2, 2018.
Fotografia, 1,5 m × 2,2 m
(detalhe).

Neste capítulo, vamos abordar trabalhos artísticos que estabelecem relações entre elementos visuais, técnicas e suportes para, com isso, refletir sobre a diversidade e sobre como nos relacionamos com o outro.

CAMINHOS
O outro e eu – Diversidade

Observe novamente as fotos que abrem esta unidade. Todas elas apresentam repetições, espelhamentos, ecos. Mas o que será que cada uma delas apresenta isoladamente?

Antes de responder, sugerimos um breve exercício de observação em sala de aula: olhe à sua volta e tente perceber o que há de semelhante entre você e seus colegas. Seja na aparência, seja no comportamento, é fácil detectar as diferenças que fazem com que cada pessoa seja única. Mas como podemos perceber também as semelhanças que nos reúnem em agrupamentos de pessoas? Pessoas que fazem parte de uma mesma turma, de uma mesma escola, de uma mesma cidade, de um mesmo país. De um mesmo planeta!

- Olhe atentamente para as fotos que compõem o trabalho *Face a face*: Além de colocá-las lado a lado, qual procedimento o artista realiza para criar este agrupamento?

O gravador, designer gráfico, ilustrador e professor paulistano Otávio Roth (1953-1993) levanta questões sobre a coletividade em diversos de seus trabalhos. No caso de *Face a face*, ele nos apresenta uma "multidão" de rostos num formato bastante conhecido: o das fotos 3 × 4 que usamos em documentos de identificação. Este procedimento de repetição, tal qual o utilizado por Cássio Vasconcellos, cria uma textura visual que acentua a semelhança entre todas as partes que compõem o todo; o enquadramento que mostra um rosto visto de frente. Além disso, o artista realiza um corte em cada uma das fotos, dividindo-as ao meio, unindo diferentes metades, criando rostos híbridos. Podemos atribuir algum sentido simbólico para esta mistura de identidades?

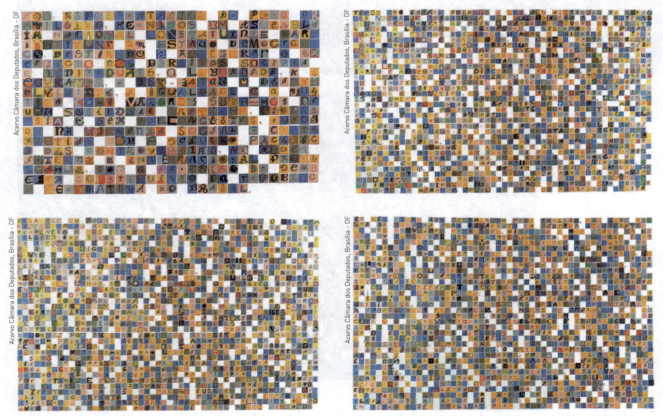

Otávio Roth. *Mural cívico*, 1988. Oito painéis criados com técnica mista sobre papel montado em painel de acrílico, 1,06 m × 1,67 m cada. A obra apresenta o preâmbulo da Constituição de 1988 e o artigo nº 5, que trata dos direitos e deveres individuais e coletivos.

A seguir, vemos outro trabalho de Roth, realizado para o pavilhão da Câmara dos Deputados em Brasília. Observe com atenção e responda:

- Como o sentido de coletividade se expressa nessa composição?

Nesta série de oito painéis, novamente podemos tomar contato com a ideia de diversidade aliada ao senso de comunidade. Esse trabalho foi composto especialmente para comemorar a **promulgação** da Constituição Federal do Brasil, em 1988, documento que serve de base para todas as leis que regem nosso país. Nesses painéis, vemos trechos desse mesmo documento, composto de letras escritas à mão em pedaços de papel colorido. O projeto Constituição para Todos utilizou cerca de 20 mil letras, produzidas por aproximadamente cinco mil pessoas. A ação do artista consistia em pedir que as pessoas escrevessem seu nome usando um papel colorido para cada letra. Depois disso, Roth misturou e selecionou uma a uma as letras para formar as palavras dos trechos da Constituição nos painéis.

Letras produzidas para a obra *Mural cívico*, de Otávio Roth, 1988. Oito painéis criados com técnica mista sobre papel montado em painel de acrílico, 1,06 m × 1,67 m cada. As letras produzidas pelos participantes compõem uma caixa de tipos com os quais o artista escreveu o texto constitucional.

Glossário

Promulgação: ação de tornar uma nova lei conhecida e fazer com que ela passe a valer daquele dia em diante.

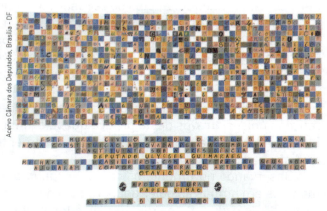

Otávio Roth. *Mural cívico*, 1988. Oito painéis criados com técnica mista sobre papel montado em painel de acrílico, 1,06 m × 1,67 m cada. A obra apresenta o preâmbulo da Constituição de 1988 e o artigo nº 5, que trata dos direitos e deveres individuais e coletivos.

Agora que conhece o processo de trabalho que resultou no painel de Roth, responda: como o processo de construção dessa obra se relaciona com seu tema?

A Constituição e todo o seu conteúdo representam a organização da sociedade brasileira. O processo de construção desses textos com a utilização das letras manuscritas de cinco mil pessoas é uma forma de simbolizar a participação da população na elaboração da Constituição. As pessoas que produziram as letras representam toda a diversidade do povo brasileiro participando de um momento histórico.

Fotos que se transformam e resistem como arte

Agora vamos voltar à abertura desta unidade e conhecer o processo de criação do trabalho da artista mineira Rosângela Rennó, que aparece ao lado de *Face a face*, de Roth. A série *Carrazeda+Cariri* nos apresenta dois conjuntos de retratos das mesmas pessoas, mas com qualidades visuais diferentes. Observe novamente a imagem.

● **Quais diferenças você detecta entre os dois conjuntos de fotos das mesmas pessoas? Poderia dizer que são mesmo retratos?**

As imagens são tão coloridas que podemos ter a impressão de que foram pintadas. Na legenda da obra, lê-se: *Série Carrazeda+Cariri,* de Galeria Mestre Abdom e Galeria Mestre Demontier. A legenda oferece uma pista sobre a obra. Mas quem são Mestre Abdom e Mestre Demontier? E o que significam os nomes Carrazeda e Cariri?

Para essa criação, Rosângela Rennó convidou dois artistas de fotopintura: Mestre Abdom e Mestre Demontier. Eles são apenas dois dos artistas convidados. Há outros conjuntos semelhantes, e outros mestres também foram convidados. No conjunto final da série, temos fotopinturas feitas por Mestre Abdom; Mestre Demontier; Jean, do Cariri; Cícero, de Juazeiro do Norte; e Mestre Júlio dos Santos, de Fortaleza.

Mas o que é fotopintura? Falaremos sobre esta prática mais adiante, mas para abrir a conversa podemos dizer que são fotografias com cores fortes, pintadas à mão e que estão muito presentes nas salas das casas, principalmente no interior do Brasil. Muitas vezes retratam um casal – pais ou avós dos donos da casa. Você já viu esse tipo de retrato de família na casa de alguém mais velho? Esses retratos eram a única forma de fotografia que se podia ter antes do desenvolvimento tecnológico das câmeras – bem como de processos de impressão de imagens –, que se tornaram objetos acessíveis para uma parte da população. Mestres Abdom e Demontier, citados na legenda da obra, são artistas que trabalham com fotopinturas.

Mas quem são os retratados? Rennó buscou na internet anúncios com retratos de homens solteiros de uma vila no norte de Portugal, Carrazeda de Ansiães, onde a presença de mulheres dispostas a se casar é pequena, pois se recusam a continuar com as dificuldades do estilo de vida agrícola.

A partir das imagens digitais da internet, a artista gerou um negativo, como o das fotografias analógicas. Você conhece a fotografia analógica? Vamos falar sobre esse processo na seção **Coordenadas**, mais adiante. A partir deste negativo, ampliou as fotografias em papel fibra e entregou aos fotopintores de Cariri, uma região brasileira onde a prática da fotopintura ainda é muito ativa. Os retratados nunca estiveram no Brasil.

Nesse processo de criação, a artista apropria-se das imagens digitais para transformá-las em retratos únicos através desta prática quase extinta, mas que já foi muito popular no Brasil no passado. Ela sobrevive em algumas regiões, principalmente no Nordeste, ganhando novos significados como tradição e expressão de arte.

Observando novamente os conjuntos de imagens, você poderá perceber que os retratados são os mesmos em ambas as galerias; porém, fica evidente a diferença entre elas, porque nos retratos vemos a criação de cada um dos mestres de fotopintura convidados.

Se por um lado estamos certos de que os dois trabalhos que abrem esta unidade nos apresentam retratos, por outro sentimos dificuldade em dizer que se trata de fotografia, ou apenas dessa

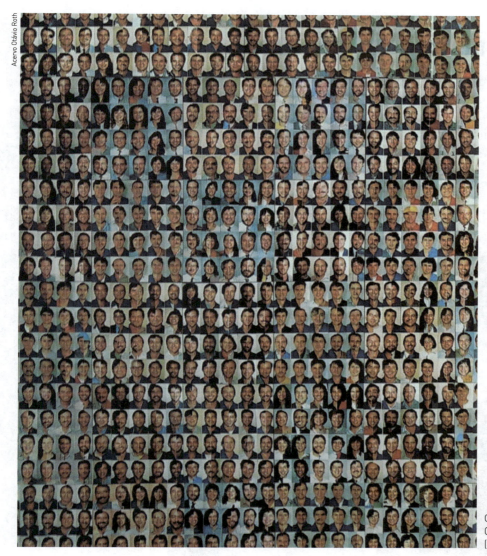

Otávio Roth. *Face a face*, 1992. Colagem fotográfica, 8,0 m × 6,0 m (detalhe).

linguagem. Os dois artistas utilizam técnicas híbridas, isto é, técnicas que surgem da combinação de duas ou mais linguagens. No caso dos retratos de Otávio Roth, *Face a face*, ele usa colagem e fotografia para criar a obra, incluindo cortes nas fotos para montar novos rostos. Sobre a série de fotopinturas, é interessante pensar que, neste caso, como em vários dos seus trabalhos, a artista não é a fotógrafa nem a pintora, mas sim a idealizadora. Com frequência, Rosângela Rennó recolhe imagens fotográficas e cria seus trabalhos a partir disso. Trata-se de fotografia, sem dúvida, mas não só isso. A artista usa a foto também como um meio, cria séries, objetos e instalações que discutem e ampliam o lugar da fotografia.

As obras foram realizadas com uma combinação de duas técnicas ou linguagens das artes visuais. A diversidade está presente também nos procedimentos, materiais, linguagens e, especialmente, na possibilidade que os artistas têm de combiná-los entre si.

Pensando na ideia de diversidade e retomando temas que os trabalhos de Rennó e Roth também nos apresentam, há uma questão interessante. Em cada retrato que compõe essas obras temos a representação de um indivíduo específico, com suas características bem marcadas e pessoais. Apesar disso, em ambos os casos são retratos de figuras anônimas. Não há nada que identifique seu nome, idade ou algo parecido. A riqueza dos dois trabalhos se dá na multiplicidade e diversidade de cores de pele, tipos de rosto, cortes de cabelo etc. Do mesmo modo, a riqueza da nossa cultura vem dessa mistura, da contribuição de cada comunidade cultural e de cada indivíduo.

CONEXÕES
Diferenças e semelhanças em ritmos e estampas

Diante das grandes dimensões do Brasil e de suas inúmeras influências culturais, a pluralidade de nossas tradições se expressa em visualidades, movimentos e ritmos que se espalham pelas regiões do país. Você já parou para pensar que todas essas manifestações também podem ser vistas como artes visuais? Olhe para as fotos abaixo, por esse ponto de vista: quais são suas semelhanças? E diferenças?

Reisado de Caretas. Potengi (CE), 2014.

Mascarados no encerramento da 63ª Festa de Santos Reis na Água da Espanholada. Palmital (SP), 2018.

- **Você conhece essas figuras? Já viu figuras desse tipo em alguma festa da região onde mora?**

As imagens mostram foliões que participam de festas tradicionais chamadas de Reisados em duas diferentes regiões do país. Ambas nos apresentam figuras com roupas de tecidos coloridos, mascaradas e com chapéus. Esses elementos em comum nos fazem entender que podem se tratar dos mesmos personagens, mas também acentuam as peculiaridades dessa tradição em cada grupo. Por isso, somos levados a prestar mais atenção nos detalhes que os distinguem. Adiante temos mais duas manifestações dessa mesma tradição. Elas também apresentam contrastes de cores e figuras "mascaradas". Vamos tentar descrever quais são as principais diferenças na visualidade dessas quatro festas?

O Reisado é uma festa bastante tradicional em várias regiões do país, com características próprias nas diferentes comunidades. Essa manifestação cultural chegou ao Brasil trazida pelos colonizadores portugueses. Na Península Ibérica, ou seja, em Portugal e na Espanha, o dia 6 de janeiro, ou Dia de Reis, é uma data bastante importante e celebrada. Ao ser trazida para o Brasil, ganhou características próprias, que foram se modificando na junção com as tradições locais.

Os nomes também podem variar: além de Reisado, pode ser chamada de Folia de Reis, Boi de Reis. O que se mantém é a presença da música, da dança e da narrativa. Instrumentos, encenações e danças têm variações ao longo de todo o território brasileiro. Em comum, entretanto, está a ideia básica: os mestres da festa circulam pela cidade com música e dança, celebrando a chegada dos reis magos.

Reisado de Congo São Miguel Arcanjo na Festa de Santo Antônio. Barbalha (CE), 2017.

Grupo Reisado Benjamim. Laranjeiras (SE), 2013.

A esta altura, podemos afirmar que os contrastes de cores vivas são marcantes em todos esses exemplos, seja em tecidos lisos, seja estampados. Os adereços variam em todas elas, no corpo ou na cabeça. As máscaras também são bem distintas, sendo que nas duas primeiras imagens apresentam longas barbas; e, na última, vemos a construção visual de uma máscara feita com o uso de maquiagem, sem a presença do objeto máscara como nas três primeiras. É usada também uma peruca em vez de chapéu. Você conhece outras manifestações culturais que se utilizam de tecidos com estampas coloridas? A diversidade visual de todas essas manifestações representa também a diversidade da nossa cultura. E cada festa, em cada canto do país, tem características especiais, que a tornam única, como expressão de sua comunidade.

Cássio Vasconcellos. *É nóis 2*, 2008-2018.
Fotografia, 1,5 m × 2,2 m.

TRILHA
Nem tudo é o que vemos

Observe a imagem da obra *Coletivos 2*, feita pelo fotógrafo Cássio Vasconcellos, presente no início deste capítulo. É intrigante. Nela há um aglomerado de elementos, algumas linhas destacadas, algumas áreas com objetos amontoados, uma multiplicidade de cores. Em vários momentos, notamos que há cores e formas parecidas, criando um espaço de repetição.

Quando olhamos essa imagem em detalhes, que seria o equivalente a chegar perto de uma parte dela se a estivéssemos vendo pessoalmente, fica mais fácil perceber do que se trata. Na imagem em detalhe, vemos vários caminhões e carros, muitos deles transportando hortaliças, caixas e outros objetos que não conseguimos

Cássio Vasconcellos. *É nóis 2*, 2008-2018.
Fotografia, 1,5 m × 2,2 m.

identificar. Embora sejam veículos de transporte de pessoas e de carga, estão todos aglomerados em uma estranha organização.

- **Como seria se tentassem se mover? Há espaço disponível para isso?**

- **Podemos fazer ainda o raciocínio inverso: como o fotógrafo conseguiu organizar todos os veículos da maneira como estão dispostos?**

Embora não haja pessoas na imagem, podemos facilmente imaginar uma conexão direta dela com nossas vidas. Mesmo olhando do alto e de uma grande distância, conseguimos perceber parte das coisas que são transportadas pelos caminhões: alimentos, hortaliças, frutas e verduras.

A etapa do transporte dos alimentos para os supermercados, mercadinhos ou vendas é fundamental para o consumo diário. Há famílias que plantam e, consequentemente, consomem alimentos vindos diretamente da terra, mas há um número enorme de pessoas que dependem desse tipo de deslocamento.

Observe, agora, o trabalho *É nóis 2*, do mesmo artista. Ao olhar para a imagem, vemos apenas uma massa, temos a sensação de estar olhando para um aglomerado de pontos, quase como um formigueiro. Apenas no detalhe conseguimos perceber do que se trata: muitas pessoas, com roupas de cores diferentes, tons de pele diversos, cabelos presos, soltos, curtos, compridos etc., enfim, uma multidão.

- **Você já ficou em algum lugar alto de sua cidade e a olhou de cima?**

- **Já imaginou como seria se todos, ao mesmo tempo, saíssem de suas casas e ficassem um na frente do outro? Dependendo do tamanho de sua cidade, a imagem seria mais ou menos parecida com a do artista?**

- **E se juntássemos todas as pessoas de um mesmo estado, quanto espaço ocupariam? E de um país inteiro?**

A imagem do fotógrafo Cássio Vasconcellos desperta muitas reflexões interessantes. Podemos nos sentir pequenos quando lembramos que há tantas pessoas no mundo e somos apenas mais uma delas. Entretanto, quando nos lembramos do que nos torna únicos, podemos valorizar o que temos de particular e o que temos em comum e compartilhamos com a comunidade. Vendo tanta gente junta, seja nas fotografias, seja na escola ou em nosso imaginário, provavelmente nos perguntamos o que nos une.

Voltando às indagações do início desta seção: como será que o fotógrafo fez para criar as imagens? Será que tudo o que vemos em uma fotografia necessariamente reflete a realidade?

Quando falamos sobre a fotografia, especialmente a digital, é importante lembrar que ela pode ser manipulada, modificada e até mesmo criada a partir de outra. Ficar atento a isso é importante no contato com qualquer imagem, que pode ser construída para nos trazer reações determinadas ou específicas. No caso da arte, geralmente, a intenção é provocar a reflexão sobre o mundo e sobre o modo como vivemos.

Na série que vimos, como em outros trabalhos, Cássio Vasconcellos cria imagens fotográficas a partir da manipulação digital, ou seja, produz dezenas ou mesmo centenas de fotos aéreas que serão posteriormente agrupadas em uma só.

No caso da obra *Coletivos 2*, por exemplo, ele recortou os elementos e colocou todos na mesma imagem, composta de painéis montados em 12 metros de comprimento por 2 metros de altura. Quando chegamos perto, a dimensão e o ponto de vista de que as fotos foram tiradas, com imagens aéreas, podem nos dar a ilusão de que parecem carrinhos de brinquedo. Nossa experiência real com carros está relacionada com sua dimensão, isto é, com seu tamanho. A experiência real com carrinhos de brinquedo também. Nosso olhar, então, é levado a buscar essas vivências, e reagimos ao trabalho a partir delas.

Coordenadas

Fixar o que vemos

A palavra "fotografia" quer dizer, ao pé da letra, "desenho da luz". Em grego, *photo* significa "luz" e *graphein* pode corresponder a "marcar, registrar, desenhar". Podemos dizer, então, que a fotografia é o registro ou até mesmo a escrita da luz. A fotografia surgiu há bastante tempo e foi pesquisada por pessoas em diferentes lugares ao mesmo tempo.

Não há um consenso absoluto sobre quem inventou a fotografia, entretanto, há alguns marcos importantes na história de seu desenvolvimento. No século X, um cientista árabe chamado Alhaken de Basora fez um dos primeiros registros de um fenômeno que viria a ser estudado para que se realizassem os processos fotográficos: ao olhar para o fundo de sua tenda, que estava toda fechada, notou que a pequena quantidade de luz que passava por uma fresta revelava a paisagem de fora, que era projetada de cabeça para baixo.

Há relatos de dispositivos de projeção de imagem em várias épocas diferentes, mas, em 1558, o italiano Giovanni Battista della Porta (1535-1615) citou a *câmara escura* em seu livro *Magia Naturalis*, descrevendo-a como uma estratégia para que artistas pudessem desenhar apoiados na imagem tal como é percebida por nossos olhos, de modo a conseguir um resultado bastante realista.

Na época, o método era utilizado por Leonardo da Vinci (1452-1519), por exemplo. No século XIX, várias pessoas realizaram pesquisas de materiais pensando em como fixar uma imagem em algum tipo de superfície. Em 1826, o francês Joseph Nicéphore Niépce (1765-1833) fixou o que alguns consideram a primeira imagem fotográfica usando sais de prata e um método derivado da câmara escura.

Daguerreótipo.

Em 1849, o francês Louis Jacques Daguerre (1787-1851), após muitos anos de pesquisa, desenvolveu uma espécie de máquina portátil que foi apelidada, em sua homenagem, de daguerreótipo. Ela é considerada a primeira máquina de fotografar, e foi aí que a fotografia começou a se popularizar. Ainda assim, o processo levava muito tempo e exigia bastante paciência e dedicação por parte do fotógrafo e do retratado. Várias outras pessoas continuaram desenvolvendo pesquisas para aprimorar a fixação das imagens e sua reprodução.

Em 1848, o escultor inglês Frederick Scott Archer (1813-1857) desenvolveu o negativo, tecnologia que permitiu a realização de cópias de uma mesma imagem. A fotografia era feita, necessariamente, em preto e branco. Vários pesquisadores, entre eles os irmãos Lumière, precursores do cinema, desenvolveram métodos para reproduzir as cores, mas apenas em 1935 a fotografia colorida passou a contar com um método mais simples e começou a ser comercializada pela empresa americana Kodak.

Essa empresa foi responsável pela popularização e disseminação da máquina fotográfica portátil e do filme flexível e substituível, o que fez com que não apenas os fotógrafos mas qualquer um que tivesse dinheiro suficiente para comprar uma câmera pudesse criar seus próprios registros do cotidiano.

Louis Jacques Daguerre.

A evolução da câmera fotográfica.

É da invenção da fotografia analógica que chegamos à fotografia digital.

A fotografia digital começou a ser desenvolvida em 1975, mas só foi lançada comercialmente em 1990. Naquela época, os celulares tinham acabado de chegar ao Brasil, mas ainda eram artigos de luxo e estavam ainda muito longe de carregar uma câmera acoplada. Para tirar fotografias digitais, portanto, era preciso ter uma câmera digital. Mais tarde, com o desenvolvimento e popularização dos smartphones, a fotografia digital passou a ser muito mais acessível e comum. Quem diria que uma coisa hoje tão corriqueira quanto tirar uma foto com o celular levou tantos anos, pesquisas e desenvolvimento tecnológico para acontecer, não é mesmo?

Esta gravura representa um daguerreótipo inventado por Louis Daguerre. Final do século XIX.

- Para você, as mudanças na tecnologia dos processos fotográficos alteraram a relação entre quem tira a foto e quem é retratado?

Clareira

Reinventar o outro

Na série *Carrazeda+Cariri*, da artista Rosângela Rennó, vemos o trabalho de vários artistas de diferentes regiões do Ceará que misturam fotografia e pintura. É possível que você já tenha visto alguma fotografia parecida, talvez na casa de algum avô ou avó. Essa linguagem, que chamamos de **fotopintura**, não é exclusiva do Brasil, mas surgiu por aqui ainda no século XIX. Antigamente, tirar retratos fotográficos não era uma atividade comum, e, mesmo até algumas décadas atrás, havia muitas famílias que possuíam pouquíssimos retratos.

Para muitas famílias, isso ainda é uma realidade. Era muito comum que os fotógrafos atuassem nas festas populares e feiras quando a cidade ou comunidade se reunia para atividades culturais e de lazer. Eram, porém, para muita gente, poucas as oportunidades de se conseguir um retrato fotográfico.

Além disso, as imagens iam perdendo qualidade e contraste ao longo do tempo por causa dos processos disponíveis. Por conta da dificuldade e raridade, era comum que as famílias recorressem aos fotopintores, que partiam da imagem fotográfica para reforçar, dar contraste ou até mesmo criar elementos que apresentassem o retratado com dignidade ou pompa, acrescentando à imagem itens como gravatas, ternos, pingentes ou brincos.

Um dos principais nomes da fotopintura, ainda hoje, é Júlio Santos, conhecido como Mestre Júlio, que mora em Fortaleza, no Ceará, onde tem um estúdio. Depois de décadas realizando seu trabalho com tintas e pincel, ele começou a estudar procedimentos digitais de coloração das fotos, pensando em atualizar seus processos do ponto de vista técnico, mas sem perder sua linguagem de fotopintor.

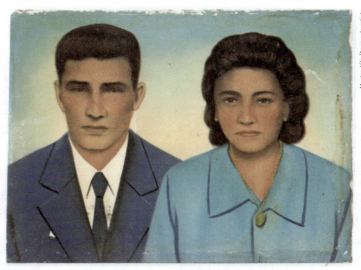

Mestre Júlio. Pintura a óleo feita sobre retrato da década de 1970.

Alípio. Fotopintura. Vitrelux, final da década de 1940 e início da década de 1950.

ANDANÇA
Reconstruindo imagens

O fotógrafo Cássio Vasconcellos cria obras a partir da manipulação digital, ou seja, do recorte e montagem de várias imagens diferentes em uma só. Quando pensamos em manipulação de imagem, é possível que pensemos em manipulação digital, mas, muito antes das imagens digitais, já havia interferências com recortes, colagens e sobreposições. Até as películas de filme às vezes eram alteradas com procedimentos de corte na montagem. Será que conseguimos recriar imagens e significados a partir do que já existe?

Para este exercício, seu professor vai reunir várias imagens que ele, você e seus colegas trouxeram para ser recortadas. Podem ser imagens de revistas ou jornais, de impressos que seriam descartados ou vindas da internet. Podem ser de todo tipo: de pessoas, objetos, paisagens, imagens publicitárias, folhetos etc. Você pode contribuir com o maior número de imagens que tiver em casa e que possam ser descartadas. Vamos à proposta da colagem:

1. Organize, junto com o professor e os colegas, o acervo variado de imagens. É importante que todas fiquem bem à vista, expostas em cima de uma mesa, por exemplo, para que todos possam vê-las e escolher.
2. Olhe com calma e observe as imagens disponíveis. Escolha alguma como base para a transformação. A partir dela, encontre outras que possam substituir partes, criar campos e ideias ou transformar completamente a imagem inicial.
3. Mãos à obra: escolha, recorte, meça, planeje, organize. É importante que você equilibre as proporções, ou seja, o tamanho dos elementos, para conseguir o sentido que imaginou. Quando tudo estiver pronto, comece a colar.
4. Pense em um título para sua composição visual.
5. No final, todas as produções devem ficar à vista. Cada aluno apresentará sua criação, contando sobre suas escolhas simbólicas e plásticas.

TRILHA
Construir junto com o diferente

Como vimos anteriormente, falar em diversidade é estar atento às diferenças e perceber como as particularidades combinadas formam um conjunto rico. É proveitoso olhar para o que é específico de cada um, valorizar as origens e singularidades, mas também a riqueza que a combinação de diferenças pode nos trazer.

Com as linguagens artísticas, isso também acontece. Desenho, pintura, gravura, todas têm suas características e processos específicos, mas podemos combiná-las em conjuntos. Algumas vezes, a partir da experimentação dessas combinações, acaba por surgir uma linguagem específica. A **cenografia**, por exemplo, vem da combinação entre arquitetura e artes visuais e dialoga diretamente com o teatro. Até mesmo o cinema pode ser visto como uma combinação de teatro, literatura, música, fotografia.

Glossário
Cenografia: prática de preparar ambientes para narrativas cênicas.

Um exemplo interessante desse território intermediário entre linguagens artísticas é uma série produzida pelo artista paulistano Nuno Ramos.

Nuno Ramos. *Sem título*, 1994-2006. Técnica mista sobre madeira, 3,21 m × 6,63 m × 2,35 m.

Nesses trabalhos, o artista monta sua "tela" usando enormes pedaços de materiais industriais, como folhas de metal retorcidas, tecidos, espelhos, espuma, couro, borracha de pneus etc., montando um conjunto que tem muitos elementos da pintura – como as cores e o volume, por exemplo –, mas que é enorme e parece sair da parede em busca de espaço. Seria um trabalho bidimensional ou tridimensional?

Esses trabalhos misturam procedimentos e conceitos de linguagens diferentes dentro das artes, como a pintura e a escultura. A multiplicidade no uso das linguagens é uma característica marcante na trajetória do artista Nuno Ramos.

Quando buscamos saber mais sobre ele, encontramos diferentes denominações: pintor, escultor, desenhista, cenógrafo, gravador, escritor e ***videomaker*** são algumas delas. As investigações daquilo que está entre duas ou mais linguagens ou os caminhos que surgem dessas combinações são um interesse recorrente desse artista.

Glossário

Videomaker: artista que utiliza a linguagem do vídeo em suas obras.

Há duas artistas brasileiras que são bons exemplos de criação nas linguagens de *collage* e *assemblage*. São elas: Tereza D'Amico (1914-1965) e Carolina Whitaker.

Tereza D'Amico foi uma das pioneiras no uso da colagem como arte no país, geralmente com temas fantásticos e líricos. A artista era fascinada pela cultura popular e inseria em seu trabalho várias

Tereza D´Amico. *Paisagem encantada*, 1963. Colagem e guache sobre cartão, 63,5 cm × 83 cm.

Tereza D´Amico. *Yemanjá, rainha do mar*, 1958. Colagem sobre papel, 43 cm × 67 cm.

imagens baseadas em narrativas de inspiração indígena, africana e caipira. Usava materiais simples, encontrados com facilidade, como pedras, conchas, tecidos e sementes, a exemplo do trabalho *Paisagem encantada*, em que ela mistura pintura, desenho e colagem, formando um universo visual rico, cheio de elementos e, ao mesmo tempo, delicado.

Em *Iemanjá, rainha do mar*, a artista explora o corte no papel para criar movimentos e texturas delicados. A diversidade na escolha dos papéis fez toda a diferença no resultado. D'Amico usou folhas de papel alumínio – o mesmo que encontramos na cozinha – cuidadosamente recortadas, que dão um brilho especial ao trabalho e aumentam a sensação de elementos fantasiosos ou mágicos.

- Quais sensações causam em você os materiais usados por essa artista?

Carolina Whitaker, por sua vez, nesta série de joias-objeto, também mistura materiais e compartilha o universo de sonho e fantasia. Ela organiza objetos com maior volume, recriando peças tridimensionais dispostas em pequenas caixas de madeira. Artista múltipla, ela trabalhou em várias áreas: já foi atriz, cantora, escritora e, hoje, desenvolve seus projetos de modo bastante livre. Nas peças a seguir, ela selecionou elementos naturais e os misturou com objetos pessoais que ganha ou recolhe, criando agrupamentos que se destacam pela força e delicadeza.

Broches da coleção *Joias e enfeites*, 2010-2017. Técnica mista. Pedras brasileiras, rendas, tecido, fitas, pratas, materiais diversos.

Fotos: Carolina Whitaker/Acervo da artista

Coordenadas

Collage e *assemblage*: reuniões da variedade

Nas Artes Visuais, há uma linguagem utilizada por vários artistas ao longo da história da arte que dialoga diretamente com o conceito de diversidade e multiplicidade que estamos trabalhando nesta unidade. É a *collage* (palavra francesa que significa *colagem*), técnica de construção de imagens através de elementos adicionados à superfície, que podem ser misturados à pintura, como fizeram os cubistas, organizados com texturas diferentes, cortes ou sobreposições.

Em 1953, o artista francês Jean Dubufet (1901-1985) criou o termo *assemblage* (palavra francesa que significa *montagem*, *reunião*) para designar algo que ia além da colagem, reunindo objetos tridimensionais que eram retirados do cotidiano, reorganizados e ressignificados, às vezes em uma massa caótica ou bruta, em outras, de modo fantástico ou **onírico**.

Glossário

Onírico: relativo ao universo dos sonhos.

ANDANÇA
Um pouco de tudo

Depois de conhecer tantos trabalhos que lidam com a mistura de materiais e linguagens, vamos vivenciar essa experiência?

1. Reúna a maior diversidade de materiais que puder. Vá a diferentes lugares de sua casa em busca do que pode ser transformado em algo novo. Em seu quarto, você pode pegar alguma imagem de que goste, como uma figurinha antiga, um botão perdido, um pedaço de tecido ou fita. A cozinha também é um ótimo lugar para essa exploração. Pegue alguns grãos secos, sementes, papel alumínio (que, como vimos, tem um brilho que pode ser bem interessante). Use sua imaginação, mas lembre-se de consultar o responsável da casa para saber se pode levar os materiais para a escola!

2. Entre todas as coisas que recolheu, escolha uma que seja significativa para você. Pode ser por qualquer motivo: a lembrança de um dia legal, algo que ganhou de presente ou que lembra alguém. O importante é escolher um objeto que possa ser usado numa colagem e que seja importante para você de algum modo.

3. Leve os materiais para a escola. Todos devem guardar seu objeto significativo escolhido e compartilhar os demais em um mesmo lugar, sobre uma mesa ou mesmo no chão da sala.

4. Seu professor vai providenciar alguns materiais que tiver disponíveis, como retalhos de madeira, pedaços de papelão, folhas de papéis variados, cola branca, cola quente, tesouras.

5. Olhe para seu objeto escolhido e pense no que ele representa para você. A partir disso, vá buscar no conjunto de objetos coletados algo que dialoga com essa ideia, sensação ou memória. Você deve construir um objeto precioso, como um amuleto.

6. Você e seus colegas podem realizar colagens bidimensionais, usando os materiais planos como papéis de diversos tipos e o corte de formas como destaque. Também podem preferir objetos mais volumosos, agrupados em pequenas caixas, como as joias de Carolina Whitaker, por exemplo. O importante é que a escolha dos materiais e do plano bidimensional ou tridimensional para agrupá-los e a composição final dialoguem com o objeto escolhido, dando novo significado a ele e transformando-o em algo artístico.

7. Observe o trabalho dos colegas. Cada um pode apresentar o seu, falando das escolhas do objeto pessoal e do material que foi associado a ele. Vale também discutir e refletir coletivamente sobre como foi o processo.

CAPÍTULO 2
Plural e singular

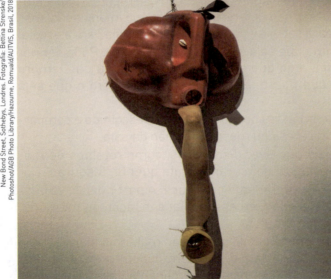

Máscaras de Romuald Hazoumè. Londres, 2016.

Romuald Hazoumè. *Citoyenne (Cidadã)*, 1997. Técnica mista.

Observe as máscaras. Olhando atentamente, tente imaginar uma personalidade para cada uma delas. Identifique os diversos materiais utilizados para criar as figuras.

Cada máscara tem sua singularidade, dada pelo formato e pelos adereços, assim como cada pessoa tem uma fisionomia e expressão particular. O artista combina objetos (ou pedaços de objetos) e outros materiais para suas criações.

Romuald Hazoumè. *La bouche du roi (A boca do rei)*, 1997-2000. Galões, plástico, vidro, conchas, tabaco, tecidos, espelhos, metal, 12 m × 2 m.

Na imagem acima, você pode ver parte de uma instalação com figuras do mesmo tipo, sem adereços, lado a lado, inclinadas na mesma direção.

- **Você reconhece o objeto que serve de base para todas elas? O que a repetição desses elementos pode comunicar?**

Neste capítulo, vamos apresentar trabalhos artísticos que espelham os contextos de vida de seus autores. Manifestações estéticas de diversos lugares e épocas que nos convidam a experimentar pontos de vista nem sempre usuais para a arte. Os exemplos abordam questões sociais, culturais e visões de mundo que se expressam na **singularidade** de seus criadores.

Glossário

Singularidade: qualidade daquilo que não é comum; modo extraordinário ou surpreendente de pensar ou agir.

CAMINHOS

Símbolos sobre símbolos

Para continuar pensando sobre a diversidade e suas relações com a arte, vamos nos aproximar do trabalho de Romuald Hazoumè (1962-), artista africano, da República do Benin, na África Ocidental, que trabalha em suas criações com utensílios da vida cotidiana recolhidos nas ruas. As máscaras que vimos na abertura do capítulo não são feitas com materiais tradicionalmente usados na confecção de máscaras africanas, mas, sim, com galões utilizados para transportar combustível. Repare que o artista não "modelou" as máscaras; ele tirou proveito das formas encontradas nos galões para sugerir rostos com a manipulação do material: fazendo cortes, inserindo elementos e pendurando-os na parede ou organizando-os no chão, até formar um conjunto de "rostos". Com essa atitude de olhar para um objeto do cotidiano e perceber nele a possibilidade de representar uma face humana, o artista cria um jogo de símbolos em seus trabalhos.

- Você identifica o que a forma criada pela organização dos galões pode representar?

A imagem é da instalação *La bouche du roi*, criada de 1997 a 2005 e exposta em 2007 no Museu Britânico por ocasião do 200º aniversário da proibição da escravatura, vista de cima. Nessa instalação, Hazoumè trata artisticamente o tema escravatura.

Repare na coincidência entre a posição dos galões na obra de Hazoumè e as pessoas representadas na gravura da página ao lado.

A estrutura de *La bouche du roi* é baseada nessa famosa gravura do final do século XVIII do navio de escravos de Liverpool, Brookes, e é, ao mesmo tempo, um poderoso memorial dos horrores do comércio de escravos no Atlântico e uma lembrança de seu terrível legado. Literalmente traduzido como "A boca do rei", *La bouche du roi* é um lugar no Benin de onde pessoas escravizadas foram transportadas através do Atlântico durante os séculos XVII e XVIII. Os principais componentes do trabalho são 304 máscaras feitas a partir de galões, cada uma com uma boca aberta, olhos e nariz. Os galões espelham as imagens das pessoas escravizadas na gravura de Brookes. O aperto que havia no navio é encenado por meio da proximidade das máscaras.

O navio era chamado de Navio Negreiro porque transportava negros sequestrados na África para serem comercializados como mão de obra escrava nos países da América, ao longo de toda a colonização europeia.

Romuald Hazoumè. *La bouche du roi (A boca do rei)*, 1997-2000. Galões, plástico, vidro, conchas, tabaco, tecidos, espelhos, metal, 12 m × 2 m.

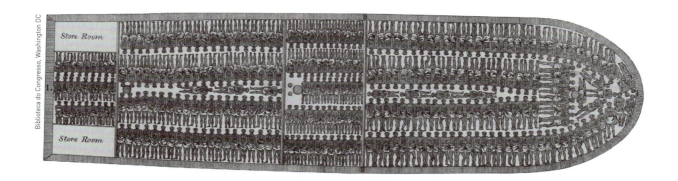
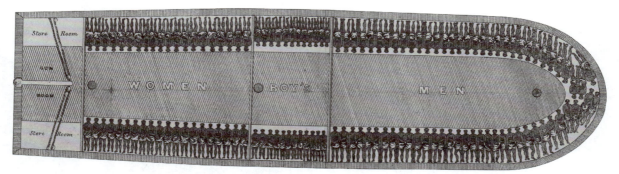

Estiva do navio negreiro britânico Brookes, regulamentada pela Lei do Comércio de Escravos, c. 1788 (gravura).

Hazoumè não escolheu os galões apenas por sua forma. Eles têm relação direta com um problema econômico e social do Benin: o comércio ilegal de gasolina. Como o acesso ao combustível no país é limitado, muitos habitantes se arriscam para adquirir gasolina ilegalmente na fronteira com a Nigéria e revendê-la à beira das estradas do Benin. O transporte e o armazenamento desse produto altamente inflamável e perigoso, nesses galões, geram muitos acidentes.

Ao utilizar esses recipientes em seu trabalho, Hazoumè desloca o objeto de sua função original para transformá-lo em objeto simbólico. Além dos significados contidos nessas associações, há ainda outro elemento simbólico por trás dessas máscaras: a tradição africana. Elas são uma referência da cultura africana. Existem muitas populações, em diversos países africanos, que produzem máscaras há séculos, geralmente de madeira ou metal. São objetos repletos de significados espirituais para a grande diversidade de povos que habitam esse continente.

Agora, para seguir aprofundando nossas reflexões, voltemos às primeiras imagens de máscaras que abrem o capítulo. Veja a diversidade de "personagens" originais criados por Hazoumè em comparação com a série de figuras anônimas que compõem *La bouche du roi*. Na primeira obra, temos galões com formatos, tamanhos e cores diferentes. As figuras estão identificadas pela inclusão de outros materiais, como panos, fios, barbantes e sementes, que as tornam únicas, o que nos leva novamente à ideia de diversidade: um conjunto de muitos indivíduos diferentes. Objetos comuns são transformados em objetos únicos, objetos de arte.

As obras de Hazoumè não são apenas um aviso contra a escravidão, mas também contra todos os tipos de ganância, exploração e opressão humanas, tanto do passado como do presente. Se os galões são uma metáfora para a escravização e a exploração, aqueles que os carregam simbolizam a resistência heroica a essa opressão, recuperando alguns dos recursos naturais da África que fazem fortunas para alguns, enquanto deixam a maioria em pobreza desesperada.

- Obras de arte podem ter conteúdos ricos em significados, narrativas e reflexões. Você se lembra de algum outro trabalho que traga reflexões sociais e históricas como as de Hazoumè?

Clareira

Muitas culturas, muitas máscaras!

Em todo o continente africano, as máscaras também se fazem presentes nas mais variadas sociedades e tradições. Como você pode ver na imagem abaixo, há uma variedade de formas, tamanhos e estilos. São objetos que marcam a identidade cultural de inúmeras populações que vivem distribuídas pelos 53 países da África. As máscaras são feitas de materiais como madeira, couro, marfim, tecido, cerâmica, penas, peles, dentes de animais, miçangas e sementes variadas. Seu uso varia de acordo com as tradições do lugar. Podem ser utilizadas em cerimônias simbólicas, celebrações, ou mesmo como disfarce ou enfeite.

Máscaras africanas. Cada etnia possui sua máscara tradicional, usada para cerimônias simbólicas e celebrações. Cidade do Cabo, África do Sul, 2012.

Coordenadas

Instalação! A obra que se instala no espaço!

- Você conhece algum artista que utiliza objetos do dia a dia em seu trabalho, mudando a visão sobre eles?

Ao realizar sua composição com galões, Hazoumè se apropria do objeto e o utiliza como material expressivo, organizando-o para produzir uma imagem em uma área escolhida. O artista constrói um tipo de desenho usando o chão como suporte. Aliás, não podemos dizer que é apenas um desenho, porque esse trabalho tem também volume, ou seja, é tridimensional.

Então, será que poderíamos dizer que se trata de uma escultura? Também não, porque a obra não foi modelada ou construída pelo artista para formar uma unidade, não tem uma base ou pedestal, não pode ser transportada e exibida em outro local, ou seja, não pode ser reconhecida como um objeto único. Tampouco pode ser vista como um conjunto de esculturas, uma vez que os galões separados são apenas galões, voltam a ser objetos utilitários e não podem simbolizar o mesmo que simbolizam quando estão alinhados, como uma série de rostos formando a silhueta de um navio.

A obra de Hazoumè só existe enquanto um conjunto de objetos iguais, ordenados por ele, ocupando uma área. Sua forma se mantém apenas enquanto está sendo exibida, só pode ser apresentada com essa configuração, naquele local. Se for exibida em outro lugar, será necessário que o artista, ou sua equipe de produção, recolha os galões, transporte-os para o novo local e refaça o desenho nesse outro espaço. O chão do novo lugar será diferente, o que vai alterar a aparência final do trabalho.

O artista também poderá aumentar o desenho inserindo mais galões, usar galões novos ou fazer outras alterações que lhe interessem nesse novo espaço. A obra pode se transformar completamente, e até mesmo receber um novo título. Esse tipo de obra, que não pode ser simplesmente transportada de um lugar a outro, que é instalada em determinado local, geralmente é chamada de *instalação*.

Muitas vezes, os artistas precisam de uma equipe de produção para concretizar fisicamente seu trabalho, seja para mover materiais muito pesados, de grandes dimensões, em grande quantidade, seja para manipular materiais que exigem conhecimentos técnicos específicos. Afinal, são tão variados os materiais que podem fazer parte de uma obra de arte quanto são as formas de manipulá-los.

Nesses casos, é preciso que o artista elabore descrições e orientações detalhadas sobre seu projeto em um documento, com medidas e ilustrações, para que outras pessoas possam realizar a sua montagem. O profissional (ou equipe) de produção é responsável por fazer com que as coisas "saiam do papel" e se tornem realidade.

Procedimentos como esse nos lembram de que o artista nem sempre é a pessoa que faz a obra com as próprias mãos, e que a autoria de uma obra está ligada ao fato de criar e elaborar uma ideia.

ANDANÇA
Repetições e acúmulos no espaço

Um breve exercício de memória: tente se lembrar de algum lugar onde estão guardadas várias unidades de um mesmo tipo de objeto. Pode ser uma biblioteca, um depósito de alimentos ou de materiais, como nas imagens a seguir.

Armazém de fábrica na Tailândia, 2017.

Biblioteca pública em Estocolmo, Suécia, 2016.

- Você considera esses locais bonitos? Interessantes? Convidativos? Ou nada disso? Por quê?

Perceba que a simples repetição de objetos que possuem formas ou cores similares em um determinado espaço pode criar um ritmo visual, que é parecido com o ritmo musical. Na música, o ritmo é criado por repetições de sons (e silêncios), já as repetições de forma e cores criam ritmos visuais.

Agora que você já sabe o que é uma instalação e também como criar ritmos visuais, vamos trabalhar a ideia de acúmulo e repetição, como fez Hazoumè em seu trabalho *La bouche du roi*.

Muitas peças, muitos símbolos!

1. A primeira coisa a fazer é coletar o material a ser utilizado para a criação. Trabalhem em trios ou quartetos. Selecionem materiais que existam em grande número em casa ou em outros lugares a que tenham acesso. Podem ser objetos como prendedores de roupas, retalhos, barbantes, recipientes, caixas, embalagens etc., ou materiais que possuem formas e tamanhos similares, como pedaços de madeira, pedras, folhas caídas etc.

2. Escolham um tema com a ajuda do professor. Pode ser uma característica do lugar onde moram, que vocês identificam em sua comunidade, algo que foi debatido na escola etc. O importante é que seja um tema que possa fazer o público pensar sobre determinado assunto.

3. Pensem em um espaço para construir a instalação. Demarquem o local. A instalação pode ocupar os degraus de uma escada, uma mesa, uma prateleira, um muro, um pedaço do chão demarcado com fita crepe ou giz. Eliminem elementos que possam interferir na montagem. Se for uma área do chão, percebam que sua textura vai participar da composição.

4. Agora, partimos para a construção. Este é um momento importante, que deve servir para conversar sobre o tema, escutar todas as ideias e buscar criar uma combinação entre elas ou escolher qual delas pode representar o grupo. Percebam se existe alguma relação do tema escolhido com o material a ser trabalhado. Muitas vezes, um tipo de material pode sugerir uma forma de criação. Também é possível explorar um tema com materiais inusitados, que não seriam associados a ele, para gerar outras percepções.

   - Explorem formas, ritmos e texturas que podem ser criadas com o material. Como a luz e a sombra do ambiente podem interagir com os objetos? É interessante que o público possa vê-los de diferentes ângulos? Ou seria melhor que fossem vistos apenas de um ângulo? Isso pode ajudar a escolher sua posição no espaço. O que acontece quando estão lado a lado? E quando são empilhados? Alguma forma fica ressaltada ou escondida? Explore as formas de composição que eles oferecem. Palavras-chave que podem orientar esta etapa: ordenar, organizar, alinhar, distribuir, empilhar, enfileirar, acumular, encaixar.

   - Após as explorações e conversas, voltem para a roda e façam rápidos esboços de como os objetos serão distribuídos na área escolhida. Nesse momento, é interessante perceber como cada esboço conduz a uma possibilidade diferente. Percebam que o resultado da instalação pode oferecer ao público diferentes possibilidades de interpretação.

   - Mãos à obra! Construam a instalação! Dica: quando a instalação estiver quase pronta, observem se existe algum objeto diferente daqueles que vocês já coletaram que possa ser agregado a ela. Inserir um elemento novo, com outra forma ou outra cor, pode reforçar a percepção do público quanto à repetição. Quando chamamos a atenção do olhar para um elemento que destoa, também chamamos sua atenção para os elementos que se repetem.

   - Conversem sobre os resultados. Seria necessário fazer alguma alteração, mudando a instalação de lugar ou inserindo algum objeto novo?

TRILHA
Cortar, colar, editar e criar significados

Observe as imagens.

- O que a roupa e a postura das duas figuras desta seção podem comunicar?
- Saberia dizer a qual época pertencem os trajes?
- Você os reconhece?

Glossário

Colagem digital: é uma forma de realizar cortes e sobreposições de imagens por meio de programas de computador ou aplicativos para celulares, modificando, transformando ou mesmo as recriando.

A primeira imagem é o retrato de Don Juan López de Robredo, bordador do Rei Carlos IV da Espanha, uma pintura a óleo do artista espanhol Francisco Goya (1746-1828).

A segunda imagem foi construída tendo a primeira como suporte. Vemos o rosto e as mãos do cantor e compositor de *rap* e *hip-hop* BNegão (1972-), nome artístico adotado pelo carioca Bernardo Santos, sobrepostos à figura original. Repare que há uma alteração também na posição das mãos do personagem. Trata-se de uma **colagem digital** realizada pelo artista Alberto Pereira (1989-) em seu projeto *Negro Nobre*.

A partir de manipulação digital, Alberto substitui a figura original da obra pela de um artista brasileiro conhecido, representativo da cultura da periferia, que produz músicas com teor social e, neste caso, "ocupa" o lugar da ilustre figura do bordador, posição social importante da corte espanhola do século XVIII.

Francisco Goya. *O bordador Juan López de Robredo*, 1790-1800. Óleo sobre tela, 107 cm × 81 cm.

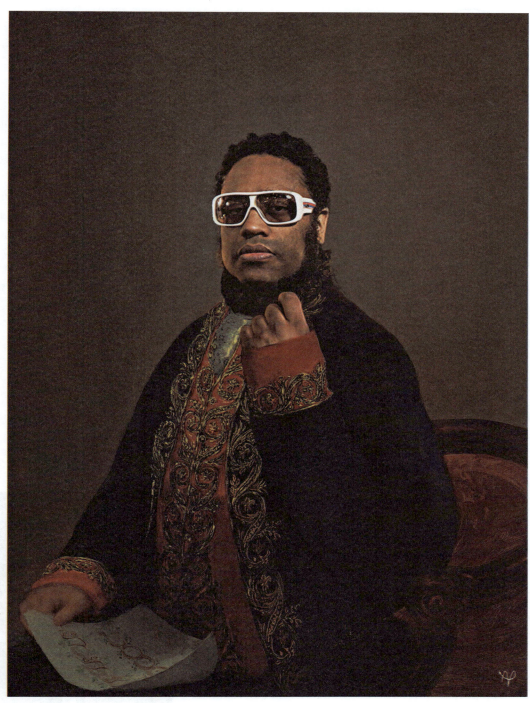

Alberto Pereira. Colagem digital do projeto *Negro Nobre*. Rosto e mãos do cantor e compositor de *rap* e *hip-hop* BNegão sobre obra *O bordador Juan López de Robredo*, de Francisco Goya, 1790-1800.

As roupas extremamente ornamentadas, com bordados criados pelo próprio retratado, como mostra o desenho em suas mãos, assim como sua postura corporal – ereta, costas afastadas do encosto da cadeira e peito projetado para a frente – reforçam a ideia de que ele ocupava uma posição importante.

Ao realizar a colagem, o artista transfere todas as informações visuais que comunicam a importância do bordador para o *rapper* BNegão, o que provoca nosso olhar sobre o passado e o presente, sobre as imagens e suas formas de transmitir mensagens sem palavras. Esse trabalho também nos faz refletir sobre as barreiras que um artista negro enfrenta, ainda hoje, para ser reconhecido na sociedade.

- O que leva uma pessoa a ser reconhecida como alguém importante nos dias de hoje?

Mirante

Sobreposições que atualizam ideias

Negro Nobre é o nome da série de colagens que Alberto Pereira desenvolveu a partir de retratos pintados a óleo por artistas de outras épocas, principalmente do período renascentista, um importante momento histórico e artístico que aconteceu na Europa entre os séculos XV e XVI.

Renascimento é um nome que diz respeito a um novo olhar para a arte, inspirado em ideais gregos e com importantes transformações no modo de representar a realidade. Alberto Pereira usa sempre o mesmo procedimento: ele substitui o rosto de figuras históricas presentes nesses quadros por rostos de artistas negros do Brasil. Essa ação bem-humorada mistura dois repertórios visuais de momentos históricos diferentes. Com isso, transfere a pompa dos trajes de época, usados por pessoas que detinham uma posição social de destaque (afinal, só elas eram retratadas), para os artistas do nosso tempo.

Paolo Veronese. *La bella Nani*, c. século XVI. Óleo sobre tela, 1,19 m × 1,03 m.

Alberto Pereira. Colagem digital do projeto *Negro Nobre*. Rosto e mãos da cantora Alcione sobre obra *La bella Nani*, de Paolo Veronese, c. século XVI.

Clareira

O artista Alberto Pereira

Designer e artista carioca, seus trabalhos transitam pelo *design* gráfico, arte de rua e arte digital. A colagem é um formato que lhe permite misturar, inverter, ressignificar, subverter e transformar padrões e ideias, principalmente aquelas ligadas às questões raciais. O artista também desenvolve oficinas de arte para crianças em regiões periféricas do Rio de Janeiro.

ANDANÇA
Camadas da imagem

Imagens têm o poder de comunicar ideias e construir visões de mundo. Imagens manipuladas estão presentes em *sites*, revistas, livros, embalagens e na publicidade. Geralmente, as ferramentas de manipulação digital trabalham a ideia de camadas sobrepostas. Essa lógica permite que apenas uma parte específica da imagem seja modificada, o que ajuda a dar maior controle sobre as alterações realizadas. Vamos experimentar esse procedimento para criar uma série de variações da mesma imagem, sem a ajuda de um computador?

Material

Você pode usar papel vegetal, acetato, plásticos transparentes, celofane ou outros materiais, o importante é que tenham transparência. Reúna canetas hidrocor, marcadores permanentes, tinta, lápis ou qualquer material que possa se fixar nos papéis ou plásticos que tem disponíveis.

Construa uma imagem em papel vegetal, o que vai lhe permitir adicionar camadas por baixo ou por cima do desenho, assim como as camadas de um *software*.

Etapas

1. Desenhe uma máscara que seja representativa de um personagem inspirado em você mesmo, que tenha algum tipo de capacidade especial e que possa utilizar para atuar na comunidade. A máscara deve representar o poder especial de compreender e ajudar todas as pessoas a sua volta. Essa capacidade pode estar ligada a um tipo de sabedoria, poderes de cura, previsão do futuro, inteligência fora do comum, audição superdesenvolvida etc. Retrate seu personagem mascarado visto de frente. Importante: a figura precisa ter contornos bem definidos, que dividem as diferentes partes do corpo e de sua máscara. Concentre-se em fazer apenas as linhas que definem as formas, sem usar cores. Explore trajes, adereços, objetos simbólicos que o personagem possa ter.
2. Faça cópias de cada subdivisão do desenho. Por exemplo, a partir do formato dos olhos, desenhe e recorte diversos outros olhos, isoladamente, como se fossem adesivos que seriam colados sobre os olhos de sua figura original, com a forma exata dessa parte. Faça isso para todas as partes de seu personagem. Utilize todos os materiais transparentes a que tiver acesso.
3. Agora é o momento de trabalhar cores e texturas. Dê um "tratamento gráfico" para todas as partes isoladas que você fez. Isso não significa que deverá trabalhar essas peças no computador, mas sim aperfeiçoar a visualidade desses elementos do mesmo modo que um *designer* faz pelo computador, alterando suas características. Usamos a expressão "tratamento gráfico" no campo das ilustrações no sentido de agregar qualidades visuais a um desenho, adicionar texturas, cores, trabalhar áreas claras e escuras, contrastes etc.

4. Agora que você já possui uma figura como base de sua ilustração e moldes de todas as subdivisões dessa figura em diferentes cores e texturas, basta começar a "jogar" com essas elementos. Você já possui um conjunto de camadas para agregar à ilustração original, então posicione as partes sobre o desenho ou por baixo dele. Ao criar variadas versões de seu personagem, observe a interação entre as camadas e os resultados imprevistos.
5. Pense que as camadas não são apenas de imagens e que trarão identidade para aquele personagem. Escolha elementos que possam ressaltar isso. Você pode criar muitas e muitas camadas. Escolha as combinações que quiser para construir e reconstruir diferentes personagens. Perceba o que cada elemento acrescenta a ele. Você vai poder "editar" sua imagem, substituindo partes, alterando as cores e texturas. Converse com os colegas e com o professor enquanto jogam com as sobreposições e tente identificar as modificações na percepção que vocês têm a cada modificação.

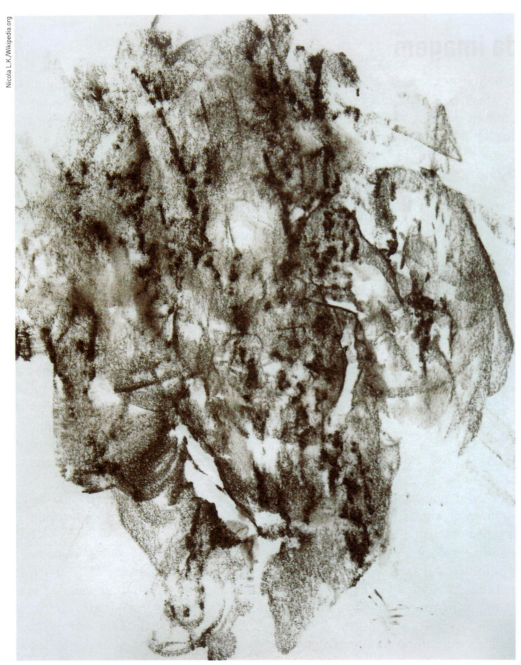

Nicola L. K. Frotagem sobre casca do tronco da árvore, 2008.

TRILHA
Grupos e tradições

Outro modo de entender a diversidade na arte é enxergá-la como pluralidade de expressões. Aqui veremos artistas indígenas que buscam dar visibilidade a suas comunidades por meio da arte e de ações de conscientização de sua cultura e das questões sociais em que estão envolvidas. Eles trazem produções visuais e ações que reafirmam a singularidade de suas etnias, denunciam injustiças e ocupam espaços que antes eram reservados somente para artistas não índios.

Observe a imagem.

- Que figuras você reconhece na composição?

Universidade Federal do Acre, Rio Branco. Fotografia: Amilton Mattos/Acervo do fotógrafo

Mahku – Movimento dos Artistas Huni Kuin. *Nai Mãpu Yubekã*, 2014. Acrílica sobre tela, 5 m × 3 m.

43

- Quais elementos visuais chamam mais sua atenção: pontos, linhas, formas, cores, texturas? Por quê?

O trabalho foi produzido por um grupo de artistas indígenas chamado Mahku – Movimento dos Artistas Huni Kuin, que vivem próximos da fronteira entre o estado do Acre e o Peru, ao norte do Brasil. A imagem é repleta de cores vivas, formas sinuosas e linhas grossas que constroem figuras de animais, pessoas e plantas. Mostra o repertório imagético compartilhado pelos artistas, revelando características dessa comunidade.

- Olhando novamente para a obra, como você imagina que seja a relação entre ser humano e natureza dentro dessa cultura?

Justifique sua resposta fazendo uma "varredura" da imagem. Como? Passeie os olhos pelas cenas representadas, perceba onde estão as figuras humanas etc.

- Visualmente, elas se destacam das outras figuras ou se misturam aos elementos da composição?
- Que figura tem maior destaque na imagem? Por quê?

Olhe, mais uma vez, atentamente para a imagem e analise as diferenças entre a representação dos animais, dos seres humanos e do ambiente. A figura de maior destaque é uma espécie de cobra que ocupa o campo visual e domina a cena pelo tamanho, pelos contornos e pelas cores com que é representada.

As figuras humanas têm cores suaves e estão completamente envolvidas pelas demais figuras de animais e pelas cores. Quando olhamos um trabalho como esse, realizado coletivamente, estamos diante de elementos visuais que podem comunicar a visão de mundo de determinada comunidade.

A luta das populações indígenas pela autopreservação tem sido incessante desde que os portugueses chegaram aqui. Nesse sentido, todo artista indígena é também uma figura importante na luta por visibilidade, uma vez que obter reconhecimento por seu trabalho artístico é ocupar um lugar de destaque numa sociedade que tende a invisibilizar essas comunidades e suas raízes.

- Você reconhece hábitos ou palavras de origem indígena em sua vida cotidiana?
- Sua família tem ancestrais indígenas?

Coordenadas

Mahku – Movimento dos Artistas Huni Kuin

Fundado em 2013, o Mahku – Movimento dos Artistas Huni Kuin é um coletivo de artistas indígenas que realiza desenhos e pinturas em tela e em paredes com temas ligados a suas tradições. A arte reuniu diferentes gerações de pessoas que pertencem ao povo huni kuin, da **etnia** kaxinawá, que vive em aldeias na região oeste do estado do Acre. O grupo já realizou exposições em diversos polos culturais no Brasil e até na França. Na imagem abaixo, vemos um dos integrantes do coletivo pintando um mural.

O reconhecimento de obras do grupo dentro do circuito das artes possibilitou que ele passasse a vender seus trabalhos. O dinheiro arrecadado com as vendas é utilizado na compra de terras para serem transformadas em reservas florestais. Para esses artistas, a arte é uma forma de celebrar e preservar sua cultura, divulgá-la para o mundo e recuperar seu território.

Glossário

Etnia: grupo de pessoas que partilham da mesma cultura e ancestralidade.

A autoria das pinturas é coletiva, assim como são coletivos os ideais que movem todas essas produções. Esse coletivo de artistas indígenas é um exemplo de luta e resistência frente à padronização dos modos de viver e entender o mundo imposta pela sociedade de consumo.

Ibã Sales – ou Isaías Sales – é cacique, **xamã** e mestre dos cantos em sua aldeia. Ele criou o Mahku para reconquistar o patrimônio cultural de sua etnia. Depois de passar algum tempo estudando na cidade na década de 1980, regressou a sua aldeia e decidiu se tornar professor. Desde então, desenvolve aulas de arte, projetos interculturais e uma pesquisa, ligada à universidade, para resgatar, registrar, traduzir e divulgar histórias, saberes, cantos sagrados e a própria língua de seu povo.

A seguir, vemos outro exemplo de imagem que pode simbolizar a integração entre os componentes que representam essa cultura.

Glossário

Xamã: líder responsável por práticas espirituais. Figura presente em diversas culturas que conseguiram manter preservadas suas tradições, conhecimentos, mitologias e práticas **ancestrais**.
Ancestral: muito antigo, pertencente a gerações do passado, antepassado.

Ibã Sales pintando mural em Santiago, Chile, 2016.

Repare como as formas ocupam o campo visual como se fossem complementares entre si. Em meio a tantas informações visuais, é possível identificar o **grafismo** utilizado pelos indígenas para adornar os corpos e objetos? Repare que a composição possui uma "moldura" visual, preenchida com texturas visuais.

Glossário

Grafismo: textura visual, ou uma textura construída com ênfase em linhas, como tramas, paralelismos, grades, entrecruzamentos, rabiscos etc.

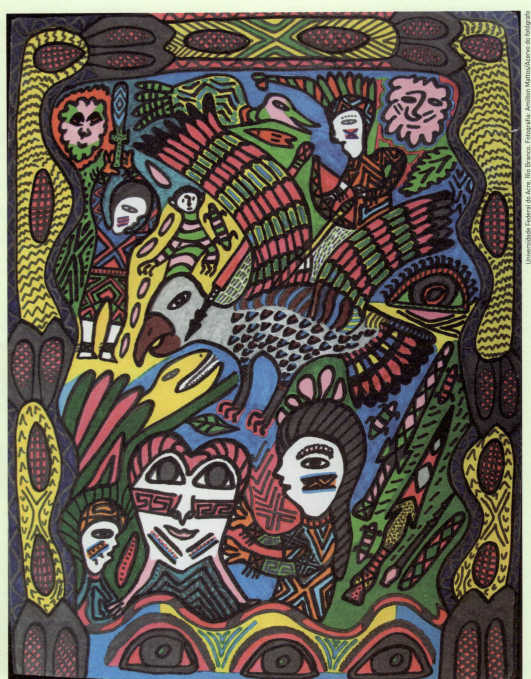

Mahku – Movimento dos Artistas Huni Kuin. Desenho de Mana Huni Kuin, 2014. Giz e caneta sobre papel, 29,7 cm × 42 cm.

Da aldeia para o mundo

A produção de Arissana Pataxó é outro exemplo de arte que gera reflexão, com obras que chamam a atenção para a vida indígena pulsante na diversidade de etnias brasileiras, assim como para os embates e situações de violência a que estão expostas. Observe o trabalho da artista.

Arissana Pataxó. *Meninos kaiapó*, 2006. Pastel óleo sobre papel, 29,7 cm × 42 cm. Aldeia Urbana Pataxó.

- O que as cores usadas para representar as crianças indígenas podem comunicar?

Todos os trabalhos apresentados aqui contêm camadas simbólicas capazes de ampliar nossos olhares acerca de rótulos associados ao modo de vida dessas sociedades. As composições nos convidam a diferentes representações e perspectivas sobre semelhanças e diferenças culturais. Veja outros trabalhos de Arissana.

- Você saberia dizer o que os grafismos podem representar?

Os grafismos fazem parte de uma extensa pesquisa realizada por Arissana entre povos pataxós, em aldeias que se localizam na região sul da Bahia.

Podemos ver referências aos grafismos utilizados em pinturas corporais e adereços. Também são formas de comunicação, pois expressam elementos ancestrais ligados à história desses povos.

Arissana Pataxó. *Sem título*, 2009. Acrílica sobre tela, 80 cm × 80 cm. Aldeia Urbana Pataxó.

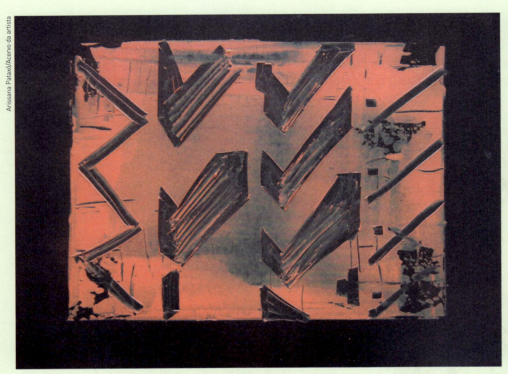

Arissana Pataxó. *Sem título 3*, 2008. Técnica mista sobre chapa de fibra de madeira, 60 cm × 50 cm.

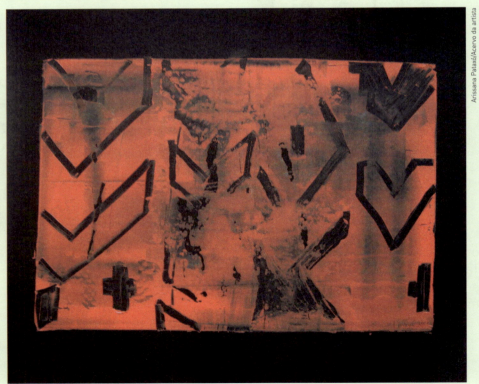

Arissana Pataxó. *Sem título 2*, 2008. Técnica mista sobre chapa de fibra de madeira, 60 cm × 50 cm.

 **Clareira** ■■■

Arissana Pataxó

A artista pertence à etnia pataxó e se formou em Artes Visuais na Universidade Federal da Bahia, em 2009. Como artista e ativista, desenvolve seu trabalho em torno da temática indígena no mundo atual. Durante seus estudos, desenvolveu trabalhos de arte-educação com o povo pataxó. Faz parte do Núcleo Yby Yara – Observatório da educação escolar indígena da Bahia e continua desenvolvendo trabalhos de arte-educação e materiais didáticos para outros povos indígenas na Bahia.

AMPLIAR
Minha comunidade através das lentes da câmera

Em 1986, o cineasta francês Vincent Carelli (1953-) criou o projeto Vídeo nas aldeias. A iniciativa tem como objetivo fortalecer a identidade dos povos indígenas, assim como seu patrimônio cultural e territorial. O idealizador encontrou um modo de concretizar isso: estimulando os indígenas a compartilhar o seu olhar.

Projeto Vídeo nas aldeias. Aldeia Huni Kuin, Acre, 2007.

Olhares indígenas sobre si mesmos e sobre o mundo. Aldeia dos kuikuros, 2007.

Carelli vem realizando oficinas de formação audiovisual para comunidades indígenas, além de apoiar e fazer filmes sobre e com essas comunidades. Os filmes, pensados e realizados pelos indígenas, circulam em festivais e editais de audiovisual e ampliam seu papel de formação: atingem também pessoas de todo o país e ao redor do mundo, divulgando olhares, o cotidiano e questões importantes para cada comunidade indígena participante.

Uma ação como essa não só consegue atuar localmente, com a formação de indivíduos daquelas comunidades específicas, como também é um modo de garantir que esses povos possam mostrar seu cotidiano, sua cultura, suas reivindicações e sonhos usando a própria voz e o próprio olhar. Como vimos ao longo desta unidade, o modo de olhar é parte de como vemos as coisas.

Chegada

Meus olhos, nossa voz

Agora é hora de experimentar a criação de uma narrativa a partir do que há de mais particular no grupo do qual vocês fazem parte.

- Como seria se fossem vocês a dizer algo por meio de um vídeo curto?

Etapas

1. Conversem na sala de aula sobre questões que poderiam ser temas para um vídeo. Para determinar qual será o eixo principal, é importante escolher algo que seja realmente relevante para vocês e também muito específico. O vídeo terá duração de até 60 segundos, por isso não adianta escolherem nada muito extenso.

2. A partir do tema, pensem em uma pergunta que será usada para entrevistar as pessoas de sua comunidade sobre o assunto. É válido lembrar que a pergunta não vai aparecer no vídeo, será apenas um disparador do assunto.

3. Os vídeos serão gravados usando um celular. Com a ajuda do professor, decidam como farão: se todos usarão o mesmo aparelho, ou, se houver mais de um aluno com celular na turma, podem se dividir.

4. Pensem em lugares que sejam representativos e significativos para sua comunidade. Como será a filmagem? Vocês vão enquadrar a pessoa de frente? Escolherão mostrar só a voz, enquanto a imagem estará concentrada em outra coisa? Filmarão só os olhos ou as mãos, com as vozes ao fundo? Essas escolhas são fundamentais para o resultado e fazem parte do que vocês desejam comunicar.

5. Na hora da gravação, sejam bem precisos: antes de apertar o "gravando", façam a pergunta ao entrevistado e deem um tempo para ele pensar na resposta. É imprescindível informar que ele deverá responder em, no máximo, 60 segundos.

6. Conversem com seu professor para abrir uma conta em uma rede social só de fotos e vídeos, para reunir todas as produções em uma espécie de galeria virtual. É importante que todos os que deram seus depoimentos autorizem que ele seja veiculado. Divulguem o resultado para amigos e familiares!

Autoavaliação

Nos trajetos desta unidade, passamos por caminhos que nos levaram por muitos lugares diferentes. Pensando em todas essas referências, responda:

- Você se lembra de algum procedimento artístico simples, mas que pode produzir uma série de sentidos simbólicos? Vimos alguns deles neste capítulo.

- Percebe a relação entre representar a visão de mundo de sua comunidade e comunicar-se com as diversas culturas do mundo?

- Entramos em contato com diferentes artistas e seus universos visuais nestes dois capítulos. Com qual dessas visualidades você sente maior proximidade? Por quê?

- De acordo com os exemplos e práticas abordados no Capítulo 2, você se sente capaz de idealizar um trabalho de arte inusitado, a partir de materiais comuns, encontrados nos lugares onde vive? Como seria esse trabalho?

UNIDADE 2
TEATRO

Lenise Pinheiro/Folhapress

Inspirada no universo indígena, a atriz Adassa Martins representa um pajé, uma criança e um velho no monólogo *Se eu fosse Iracema*. São Paulo (SP), 2017.

Partida

O teatro é um lugar de encontro. Como público, vamos ao teatro levando as nossas histórias. Como atores, também temos as nossas próprias histórias e, por meio da nossa expressividade, criamos outras mais. No momento em que assistimos ou que fazemos uma cena, todas essas mais se encontram, se misturam e se transformam.

Surgem novas conexões, descobrimos outras maneiras de olhar para o mundo que nos cerca e de lidar com sua diversidade, aumentando nosso repertório e nossa própria criatividade.

Observe as imagens.

Em cena, juntos!

Cena do espetáculo *Histórias que o vento traz*, da Cia. Paideia de Teatro. Uberlândia (MG), 2017.

- Como cada uma delas mostra maneiras de contar uma história?
- Quais elementos teatrais você identifica nessas imagens?
- Como você descreveria a segunda foto para seu colega de classe? Procure perceber o máximo de detalhes.

Nesta unidade, vamos falar sobre uma figura central do teatro: o personagem. Existem muitas maneiras de criar um personagem. Conheceremos uma dessas maneiras e as relações que se estabelecem a partir dela. Além disso, aprofundaremos algumas ideias sobre o teatro e suas múltiplas formas de criar e contar uma história.

CAPÍTULO 1
A cena que fazemos juntos

Para que o teatro aconteça, uma relação é fundamental: alguém faz e alguém assiste, tudo ao vivo, presencialmente. Teatro, por ser um lugar de encontro, é, portanto, um espaço de relação. Mesmo que a gente veja somente um único ator ou atriz em cena, contando uma história, existe uma relação: ele ou ela representa essa história para alguém: a plateia.

Atores do Projeto Achados e Perdidos. Fortaleza (CE), 2017.

A história a ser contada está organizada com diversos elementos: cenário, figurino, iluminação, texto, adereços e personagens. São eles – os personagens – que vão contar a história por meio de ações e da troca de textos entre eles. Cada peça de teatro trabalha de maneira diferente cada um desses elementos para contar a sua história. Existem também diferentes maneiras de compor um personagem e as relações entre eles.

Atores encenam *commedia dell'arte*. Barcelona, Espanha, 2011.

Observe as imagens.

Na primeira, do espetáculo *Projeto achados e perdidos*, o ator Danilo Castro e a atriz Keka Abrantes fazem uma cena em um espetáculo de improvisação. A foto mostra uma relação.

- Observando a expressão do corpo e do rosto do ator e da atriz, o que você imagina que está acontecendo nessa cena?

- Preste atenção aos elementos que compõem o cenário, atrás da dupla. Quais são esses elementos? Existe uma relação entre esses elementos? Qual?

- A partir de tudo o que você percebeu na imagem, que tipo de história você imagina que esteja sendo contada nesse espetáculo?

- Qual é a relação entre o cenário e o que a dupla está fazendo nessa cena?

Na outra imagem, vemos um exercício de construção de personagens. Os atores se encontram em uma sala de ensaio, mas o que chama a atenção, em primeiro plano, é outro elemento teatral.

- Você o reconhece? Qual é?

É possível, ainda, imaginar uma característica para cada figura dessa imagem, a partir da expressão corporal que elas possuem, além de algumas relações entre elas.

Repare que, sendo um momento de preparação e descoberta dos personagens, os atores não utilizam figurinos, mas, sim, roupas de ensaio, confortáveis, que permitem explorar movimentos. As cores – mais neutras – permitem que eles se concentrem nas expressões de cada um.

CAMINHOS
Personagens e relações

Quando pensamos e falamos em teatro, na maioria das vezes pensamos e falamos sobre maneiras de contar uma história. Os atores são artistas que trabalham o corpo, a voz e a imaginação para a atuação em cena, quase sempre fazendo a ação de um personagem.

O personagem é um elemento importante a ser observado, não apenas no teatro, mas em toda e qualquer narrativa. É por meio dos personagens que contamos e vivemos as histórias. Eles sempre estão presentes: mesmo que na história não existam seres humanos. Os personagens podem ser animais, plantas, objetos, sentimentos, fenômenos naturais, enfim, tudo o que você colocar como foco da sua história será um personagem.

Observe que a palavra "personagem" é masculina e feminina. Você pode dizer "o personagem" ou "a personagem".

Quando estão em cena representando personagens, os atores e as atrizes experimentam a possibilidade de ser outro, agindo *como se* fosse a personagem. O agir *como se* faz parte do acordo entre quem está em cena e quem está na plateia: o público.

Em cena, as personagens se relacionam por meio de ações e falas. Quando há apenas um ator ou uma atriz em cena se relacionando diretamente com a plateia, temos um monólogo. Quando dois ou mais personagens estão participando da mesma cena, ou seja, contracenando, a relação acontece

Protagonista, antagonista e coadjuvante

No teatro, no cinema, nos livros, na TV, nas histórias em quadrinhos, ou seja, onde existir narrativa, existe uma relação entre os personagens que fazem parte dela.

Quando temos um personagem principal, isto é, alguém que se mantém no foco da narrativa, que conduz a história, dizemos que ele é o **protagonista**. É o personagem que acompanhamos por mais tempo e vemos se transformando ao longo da história.

Junto de um protagonista, na maioria das histórias, existe outro personagem que chamamos de **antagonista**. É o personagem que atrapalha o protagonista, que tem objetivos diferentes. Pode até não ser humano: às vezes é um animal, um monstro, um fenômeno da natureza, enfim, tudo aquilo que se coloca em oposição ao protagonista.

Fica fácil reconhecer essa relação, por exemplo, nas histórias de super-heróis. Geralmente, o herói é o protagonista e o vilão é o antagonista. Mas essa relação vai além disso: ela é importante nas histórias porque um personagem ajuda a mostrar as características do outro. É uma troca: um precisa do outro para que a história aconteça.

E existem, ainda, os personagens **coadjuvantes**, que são aqueles que fazem parte da história, mas que aparecem em momentos pontuais, com objetivos mais curtos, colaborando em momentos específicos com o protagonista e com o antagonista.

Todos os personagens têm uma função e até um significado nas histórias. Por isso, todos são importantes e merecem ser interpretados com atenção.

- Você identifica protagonistas, antagonistas e coadjuvantes entre os personagens das histórias de que mais gosta? Compartilhe com a turma.

O elenco da Companhia do Latão em cena de *O pão e a pedra*. São Paulo (SP), 2016.

quase sempre por diálogos, isto é, a conversação, a troca de assuntos, de pontos de vista entre eles. Observe a imagem.

- Quem são e o que estão fazendo as pessoas sentadas na beira do palco?

Muitas vezes, a relação entre atores em uma cena não pressupõe a necessidade daquilo que costumamos chamar de **diálogo**. As interações podem acontecer em termos de movimentos, olhares, manipulação dos objetos ou qualquer outro tipo de interação que se estabeleça entre os atores durante a encenação.

Na imagem da cena da Companhia do Latão, vemos que alguns atores e a atriz estão realizando uma cena, enquanto outros assistem. Isso evidencia uma espécie de jogo, que podemos chamar de jogo cênico, presente em toda apresentação teatral: é a relação dos atores com os outros atores, com os elementos da cena (cenário, objetos, luzes, espaço) e com o público. A atitude dos atores sentados na beira do palco coloca o foco na cena que acontece no centro da roda. Dessa forma, eles ajudam a contar a história, em um jogo de composição, reproduzindo a atitude da plateia.

Glossário

Diálogo: é a conversação entre duas ou mais pessoas (personagens).

57

TRILHA
Iguais e diferentes

Atores da Companhia Solas de Vento utilizam técnicas circenses para contar histórias. São Paulo (SP), 2007.

- Ao olhar para essa imagem, onde você imagina que esses personagens estão?

Repare que eles estão reproduzindo uma situação comum entre duas pessoas.

- O que torna essa cena inusitada?

Agora vamos focar nas duas figuras:

- Como você descreveria cada um desses personagens com o máximo de detalhes?

A Companhia Solas de Vento, de São Paulo, utiliza diversas linguagens para contar histórias. O circo, a dança, a manipulação de objetos e o vídeo se misturam no modo como eles fazem teatro.

A foto é do primeiro espetáculo da companhia, que se chama *Homens de solas de vento*. Na cena, os atores estão suspensos no ar, tal qual trapezistas em um número de circo. Trabalhando juntos por mais de dez anos, a dupla de atores compartilha o desejo de contar histórias, apostando na relação entre eles em cena, por meio dos seus corpos e suas habilidades artísticas.

O primeiro espetáculo infantil da companhia é uma adaptação do romance *A volta ao mundo em 80 dias*, do escritor francês Júlio Verne (1828-1905). O desafio parecia grande: como contar essa história, que passa por tantos lugares, com apenas dois atores?

A solução encontrada foi utilizar projeções de vídeo, manipulação de objetos e de bonecos e muita imaginação, tanto dos atores quando do público: uma característica do trabalho da companhia na criação e execução dos elementos em cena é mostrar como fazem as coisas, como elas acontecem. Isso muda a própria relação do público com o espetáculo.

Observe a foto desse espetáculo.

Bruno Rudolf e Ricardo Rodrigues em cena de *A volta ao mundo em 80 dias*. São Paulo (SP), 2017.

- **Você consegue dizer como a imagem foi criada?**

A imagem mostra dois pontos de vista da cena: os atores deitados no chão, em meio a ferragens, o que pode parecer uma cena esquisita. Com o uso de uma câmera de vídeo no teto do teatro, a imagem projetada no telão é dos atores deitados no chão, mostra que é possível olhar as coisas de outro ponto de vista.

O uso de câmera de vídeo para captação e projeção ao vivo, durante o espetáculo, é um dos elementos explorados pelos atores e que contribui para ampliar as possibilidades cênicas.

Vamos conhecer um pouco mais sobre o trabalho da companhia do ponto de vista de um dos seus integrantes.

Trajetória

Bruno Rudolf, ator e produtor da Companhia Solas de Vento

Pergunta (P): Como surgiu a Companhia Solas de Vento e de onde vem esse nome?

Bruno Rudolf (BR): A Solas de Vento foi criada em 2007, em São Paulo, quando eu conheci o Ricardo Rodrigues, brasileiro, ator e circense. Percebemos um olhar similar sobre o fazer artístico, buscando contar uma história através das técnicas circenses. O nome da companhia vem do nosso primeiro espetáculo, chamado *Homens de solas de vento* – título de um poema francês que fala de um homem viajante.

P: Que tipo de olhar similar foi esse?

BR: Nos encontramos em um centro de treinamento de técnicas circenses e, tanto eu como o Ricardo, tínhamos vontade de usar o circo pra contar uma história, com personagens, misturando com teatro, com outras coisas, e de se expressar sem fala, somente através do corpo, usando o corpo. Isso fez com que a gente se aproximasse e que começássemos a trabalhar juntos.

P: Como acontece a mistura com o teatro e outras linguagens?

BR: Acontece naturalmente por conta da nossa formação multidisciplinar – teatro, dança, circo, teatro de formas animadas – e usamos tudo isso para contar uma história. Quando você faz capoeira, você aprende uma linguagem; quando faz dança, é outra linguagem; acrobacia é outra, enfim, seu corpo pode aprender muitas linguagens e, na hora de criar uma cena, você pode usar todo esse vocabulário e escolher o que melhor combina com a cena a ser criada. Por isso, para o ator, e a atriz, quanto mais habilidades você puder experimentar e desenvolver, melhor.

P: Nos espetáculos de vocês, fica bem evidente a mistura de elementos e de linguagens, inclusive no trabalho com vídeo e projeção em cena nos dois espetáculos infantis da companhia. Como o vídeo veio parar no meio do teatro e como é para vocês lidar com esse material em cena?

BR: Quando criamos nosso primeiro espetáculo infantil – *A volta ao mundo em 80 dias*, pensamos em usar muitos recursos circenses: corda, trapézio e tecido. Mas o teatro onde estreamos a peça era muito baixo, pequeno, e não dava para pendurar os aparelhos circenses. Como resolver isso? Descobrimos o trabalho de um fotógrafo alemão que produzia imagens de formas pouco usuais. Ele pedia para as pessoas deitarem no chão e tirava fotos do alto de uma escada. Isso lhe permitia criar um efeito inusitado, como se não existisse a gravidade. Inspirados nisso, resolvemos colocar uma câmera de vídeo no teto do palco e criamos cenas deitados no chão que são projetadas no telão no fundo do palco. O resultado é uma surpresa para a plateia, que consegue ver dois pontos de vista da mesma cena. Para nós, como atores, as câmeras ajudam a criar e até a definir os rumos da criação de uma cena. É fácil lidar com elas em cena porque elas viram parte do cenário e do trabalho de **contrarregra**. Não escondemos nada, tudo é assumido.

Quem é
Bruno Rudolf

O que faz
Ator, diretor, bailarino e circense.

Glossário

Contrarregra: profissional responsável pela organização dos elementos – objetos, roupas, elementos do cenário, efeitos especiais – que serão utilizados pelos atores durante uma peça.

- Você percebe alguma relação entre o nome da companhia e o trabalho que eles realizam? Qual?
- Você já tinha pensado em uma peça de teatro que utiliza a projeção de vídeo junto com a cena?
- Você conhece outros recursos tecnológicos que poderiam ser usados na cena com os atores? Como seria?

TRILHA
Eu sou um outro

Observe atentamente as máscaras.

- O que elas têm em comum? Qual delas chama mais a sua atenção? Por quê?

Essas máscaras são exemplares daquelas usadas na Grécia Antiga, onde surgiram as primeiras manifestações do que hoje chamamos teatro. Por isso, elas se tornaram o símbolo da arte teatral ocidental.

Repare como são expressivas. A máscara teatral grega era confeccionada de materiais como folhas, madeira, argila e couro, e feitas de modo que toda a face do ator ficasse coberta, exceto os olhos e a boca. Tinha, ainda, diversas funções em cena, por exemplo conferir ao ator traços expressivos acentuados para que todo o público pudesse assimilar as intenções e o caráter do personagem.

Os teatros eram a céu aberto e aglomeravam muita gente. O público ficava longe do palco e por isso era necessário evidenciar as características dos personagens por meio das máscaras, como espécie de amplificador de suas expressões. Os artefatos também dispunham de um cone que se encaixava na boca, servindo de megafone. Por isso, você vê na imagem algumas delas com abertura na boca para que os atores pudessem falar.

As máscaras utilizadas no teatro grego entre os séculos V e IV a.C. eram feitas de cerâmica, argila, madeira e outros materiais. Destacavam os olhos e a boca do personagem. Nesta imagem, observam-se máscaras de mármore.

Naquela época, apenas os homens podiam estar em cena. Isso não quer dizer que existiam somente personagens masculinos. Mulheres, deuses e deusas, animais: todos os personagens eram feitos por homens utilizando as máscaras.

As máscaras são objetos quase mágicos. Por meio delas, é possível ter uma experiência de **alteridade**, colocar-se no lugar do outro, ser um personagem.

Como objetos cênicos, usadas na construção e representação de personagens, as máscaras estiveram e continuam presentes em diversas culturas ao redor do mundo. Vamos conhecer dois tipos de máscara: aquelas que cobrem o rosto todo e aquelas que, mesmo cobrindo apenas a metade superior, chamadas de meia máscara, exercem a mesma função: elas permitem ao ator e à atriz agir *como se* fosse outro, outra.

Glossário

Alteridade: é a capacidade de se colocar no lugar do outro, em qualquer tipo de relação que se tenha (familiar, pessoal, profissional, artística etc.), permitindo reconhecer as diferenças entre o que eu sou e o que eu não sou, colaborando na formação da própria personalidade.

Vamos conhecer alguns tipos de máscara.

O teatro Nô (também se escreve teatro *noh, no, nou*) é uma forma de teatro clássico japonês que mistura música, dança, poesia e máscaras. Existe desde o começo do século XIV e é apresentado praticamente da mesma forma até os dias de hoje.

O teatro japonês tem origem diferente do teatro grego; por isso, seus princípios são distintos, suas histórias são outras e são contadas de formas diferentes: é uma forma de teatro com gestos delicados e movimentação muito lenta.

Tradicionalmente, também era um teatro feito apenas por homens. Por isso, as máscaras eram importantes: ajudavam a criar outros tipos de personagens. Atualmente, existem companhias em que mulheres também se apresentam.

Observe as máscaras a seguir.

Koichi Kamoshida/Getty Images

As máscaras do teatro Nô são esculpidas em madeira e pintadas à mão.

- Que tipo de personagem cada uma delas representa?

O teatro Nô é, cenicamente, uma forma simples e ao mesmo tempo muito sofisticada. Em cena, na maioria das vezes, há apenas dois personagens. O protagonista – chamado *shite* (lê-se *xitê*) – é o único que usa máscara, representando alguém que já morreu e que volta para contar histórias de tempos antigos. O coadjuvante – chamado de *waki* (lê-se *uaquî*) – é um monge que recebe a visita do *shite*. Existem, ainda, em cena, os músicos, que são quatro, e um coro.

Observe a fotografia a seguir.

A simplicidade é uma das características de um espetáculo de teatro Nô. Na foto, o ator japonês Kiyokazu Kanze durante ensaio. Nova York, 2016.

- Na foto, você consegue identificar os personagens do teatro Nô?
- Que tipo de história você imagina estar sendo contada? Será que nesse momento da cena algo muito importante está acontecendo no encontro do *shite* com o *waki*? O que você acha que é?

Repare que os músicos e o coro usam o mesmo tipo de figurino: discreto, com cores escuras. Já os personagens trajam figurinos mais complexos, com camadas de roupa e cores.

Detalhe para os pés: estão sem sapatos! Eles usam uma espécie de meia que ajuda a deslizar os pés pelo chão. No teatro Nô, é importante a ligação com a terra.

Agora, observe a imagem ao lado. São expressões da mesma máscara.

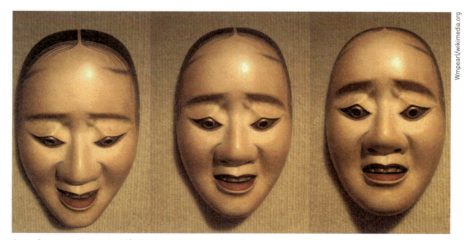

As máscaras do teatro Nô mudam de expressão de acordo com o ângulo da iluminação.

- Para você, qual expressão ou sentimento é comunicado em cada uma delas?

Uma particularidade das máscaras do teatro Nô: elas são esculpidas de forma que é possível expressar diferentes emoções apenas mudando o ângulo de relação com a luz.

TRILHA
Um jogo de relações

Elenco do espetáculo *Os dois gêmeos venezianos*, da Trupe Giramundo. Porto Alegre (RS), 2016.

Na Itália, durante a Idade Média, mais precisamente entre os séculos XV e XVIII, existia um tipo de teatro bastante popular que era apresentado nas praças públicas das cidades. Estamos falando da *commedia dell'arte*.

A imagem acima mostra o elenco do espetáculo *Os dois gêmeos venezianos*, da Trupe Giramundo, de Porto Alegre (RS). Nessa história, dois irmãos gêmeos vão para a cidade de Verona, na Itália, encontrar com as suas namoradas. Mas um não sabe da presença do outro. A confusão começa quando presentes, bagagens e até cartas de amor são enviadas às pessoas erradas. Nessa imagem, você pode ver alguns personagens típicos da *commedia dell'arte*. No alto, está o casal de namorados. São os únicos personagens que nunca usam máscaras. Depois temos, da esquerda para a direita: o doutor, de figurino preto; o capitão, de listrado branco e vermelho; no centro, a Colombina, seguida pelo Arlequim, com figurino colorido; e o Pantaleão, de vermelho com capa preta.

Na *commedia dell'arte*, as máscaras são fundamentais e cada uma delas é específica de um personagem. São elas que definem o figurino e a maneira particular de se movimentar de cada um desses personagens. Esse tipo de teatro cômico era bastante conhecido e uma das suas principais características é justamente o uso de máscaras na definição dos papéis e das relações entre os personagens. Agora, observe a próxima imagem, que mostra dois personagens do espetáculo *Arlequim, servo dos dois mestres*.

- Que tipo de relação existe entre os personagens?
- Observe que há, no cenário, um painel pintado ao fundo. Onde esses personagens estão?

Provavelmente os personagens conversam em uma rua. São eles: Arlequim e o Capitão.

As máscaras da *commedia dell'arte* cobrem metade dos rostos dos atores.

Atores em *Arlequim, servo dos dois mestres*. 14º Festival da Máscara de Ouro. Moscou, 2008.

Arlequim (também conhecido como Arlequino) é a máscara mais conhecida desse teatro. Espécie de palhaço e acrobata, ele tem a função de empregado do doutor, ou do capitão, e é apaixonado pela Colombina. Na imagem ao lado, temos outra versão do personagem. Observe como ele posiciona os braços e pernas.

- Que impressão esse gesto provoca em você? Faça a mesma pose da foto e responda em voz alta, para todos na sala.

As histórias da *commedia dell'arte* eram simples e contadas de forma improvisada. Existia um roteiro básico, indicando os momentos importantes para o desenrolar da história. A forma como ela acontecia entre

Ator com o figurino tradicional de Arlequim.

esses momentos era improvisada pelos atores. Isso fazia com que se especializassem em interpretar uma única máscara, aprendendo seus movimentos específicos e seu lugar no jogo de relações entre os personagens: ou se era patrão ou empregado.

Seja na arte teatral ocidental, seja na oriental, as máscaras criam outra face, mais expressiva, grotesca ou horrível. Os personagens são figuras centrais do fazer teatral e as máscaras foram, e ainda são, um dos primeiros elementos para a construção de um personagem.

- E você? Em que ocasiões já utilizou uma máscara?
- Como a máscara interferiu no seu jeito de falar e de se mover?

ANDANÇA
Improvisando a relação

Cena do espetáculo *Arlequim, servidor de dois patrões*. Teatro universitário da Universidade da Costa Rica, 2017.

Vimos que, na *commedia dell'arte*, o jogo cênico acontece basicamente em função das máscaras, da relação entre elas!

Observe a imagem acima. Como seria uma cena com dois personagens que começassem um diálogo a partir do gesto e da forma corporal dos personagens dessa imagem?

1. Faça uma dupla com um colega. Cada um será um dos personagens acima.
2. Escolham quem vai fazer qual personagem e coloquem-se na postura dele. Nessa escolha, você e seu colega podem definir quem será o protagonista e o antagonista.
3. Improvisem, imaginando o que essas figuras poderiam estar dizendo.
4. Combine com o seu colega como e quando a cena começa e acaba.
5. Aguardem o sinal do professor para começar a cena.

Bom jogo! Divirtam-se!

Clareira

As máscaras dos super-heróis

Nas histórias de super-heróis, as máscaras escondem a identidade dos protagonistas. Elas permitem que uma "pessoa comum" possa agir de uma maneira incomum, manifestando habilidades ou poderes que normalmente ficam escondidos. Elas também permitem que os antagonistas, ao usarem máscaras, assumam atitudes que contradizem as leis, secretamente.

A partir dessas observações, podemos lançar um olhar teatral para as máscaras presentes nas histórias em quadrinhos e nos filmes. O uso das máscaras acontece em momentos específicos, em que alguém precisa assumir outra identidade e agir – tal qual acontece com o ator no palco. Normalmente, elas estão acompanhadas de figurinos específicos e até adereços que complementam a "atuação" desse herói, assim como a cena teatral e os objetos de cena.

- Você já se sentiu diferente simplesmente por usar algum tipo de roupa, uniforme ou acessório?
- Você utiliza algum tipo de "acessório" que auxilie seu modo de agir nos locais que frequenta?

É no jogo entre ocultar e revelar que as máscaras podem expressar uma variedade de significados, misturar ficção e realidade, produzindo formas de expressão. Usar máscaras, nas brincadeiras, na cena de teatro ou em festas é uma experiência concreta de "tornar-se outro" por determinado tempo, vivenciando movimentos, gestos e modos de falar diferentes daqueles que usamos diariamente. As máscaras são elementos importantes nesse contexto, e não é por acaso que elas são o símbolo do teatro.

Ao estabelecer uma relação entre as máscaras dos super-heróis e as máscaras na história do teatro, temos:

À esquerda, máscara da Grécia Antiga; à direita, máscara do Homem-Aranha. As duas são exemplos de máscaras que cobrem o rosto inteiro.

À esquerda, máscara usada na *commedia dell'arte*; à direita, máscara do Batman. As duas são exemplos de máscaras que cobrem metade do rosto.

Alguns acessórios também funcionam como máscaras: o nariz do palhaço e os óculos de Clark Kent, quando está disfarçado.

67

CONEXÕES
Os Bois de Parintins: dois protagonistas

Você se lembra do que já tratamos da relação entre protagonista e antagonista? Aqui, vamos continuar refletindo sobre a importância da figura do "outro", que gera o diálogo, contrapõe uma personagem e movimenta a história, normalmente direcionando-a para um desfecho.

E quando a relação de rivalidade não ocorre entre um protagonista e um antagonista, mas entre dois protagonistas? Como acontece no futebol: de que adianta um time entrar em campo sozinho? Ele precisa do outro para fazer sentido. Juntos, os dois times são responsáveis por estabelecer um jogo.

De forma semelhante, temos um evento que acontece todos os anos, no mês de junho, no Amazonas, desde 1965. Trata-se do Festival de Parintins, a festa do Boi Garantido e do Boi Caprichoso – ambos são amados por suas torcidas, coprotagonistas da grande festa, disputando o título de desfile mais belo. Esta é considerada a maior manifestação cultural do Norte brasileiro.

Amarildo Oliveira/Tucupi Imagens

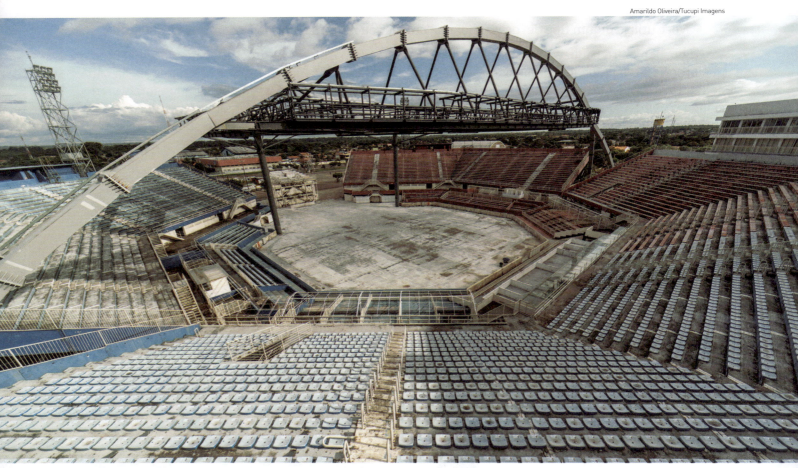

O Bumbódromo recebe 35 mil pessoas por noite durante o Festival de Parintins (AM).

A imagem mostra o local onde acontece o Festival: o Bumbódromo.

- **Ele se parece com algum lugar que você conhece ou já viu antes?**

Existe uma divisão marcante nas arquibancadas desse espaço.

- **O que você acha que significam as cores das arquibancadas?**

Pelo tamanho da arena onde a festa acontece, podemos perceber o quanto ela é importante para a cultura dessa região.

Observe as imagens a seguir.

Protagonistas da 53ª edição do Festival Folclórico de Parintins (AM), 2018.

A imagem mostra os dois protagonistas da festa. Observe o símbolo que representa cada um.

Os bois são os personagens principais das apresentações, que acontecem durante três noites seguidas. Essas apresentações possuem regras e um corpo de jurados dá notas em diversas categorias – música, danças, elementos alegóricos com figuras típicas da Amazônia, ritual (que é o grande momento da noite e faz referência a mitos e tradições indígenas), entre outros – até mesmo a torcida é avaliada.

Chamadas de "galera", as torcidas só podem se manifestar durante a apresentação do seu boi: quando o Boi Garantido (que tem como símbolo o coração) se apresenta, sua galera vibra junto, canta, dança e pode se manifestar. Enquanto isso, a galera do Boi Caprichoso (com a estrela azul na testa) deve se manter em silêncio, em sinal de respeito e vice-versa. Não é permitido nenhum tipo de manifestação contra o outro competidor.

O Festival de Parintins é uma festa popular realizada anualmente com apresentação a céu aberto de diversas associações de cultura popular, sendo a disputa entre os dois bois o momento mais importante da festa.

CAPÍTULO 2

Modos de criar, modos de contar

Luna Nandayapa

O grupo Cambada de Teatro em Ação Direta Levanta Favela apresenta a peça *Sepé: Guarani Kuery Mbaraeté*. Porto Alegre (RS), 2016.

- Que lugar é esse onde o grupo está se apresentando e como delimitam o espaço da cena?

Miguel Vellinho é um dos fundadores do grupo Sobrevento e trabalha com teatro de bonecos e teatro de animação há mais de 30 anos.

O grupo Cambada de Teatro em Ação Direta Levanta Favela é de Porto Alegre (RS) e trabalha com teatro de rua. No seu fazer teatral, o grupo discute, por meio de suas criações, questões atuais, políticas e sociais. Nesse espetáculo, o grupo coloca em cena a história da Guerra Guaranítica no interior do Rio Grande do Sul, que narra, do ponto de vista dos indígenas, o episódio de enfrentamento do povo guarani com as Coroas de Portugal e Espanha na defesa de seu território. A história contada pelos indígenas de hoje mostra um povo forte e valente que continua resistindo culturalmente e que cresce cada vez mais.

Analise a imagem acima.

- Que tipo de histórias você imagina que esses bonecos contam?
- Você consegue identificar quais bonecos pertencem à mesma história?

Como visto no Capítulo 1, o teatro é o lugar do encontro, da relação. A pluralidade de ideias, organizadas e materializadas nos elementos que compõem a cena, faz o teatro dar voz a diversos pontos de vista, colocando-os em relação, sem que necessariamente um exclua o outro.

Os grupos e as companhias de teatro se reúnem em torno de uma ideia, de uma história a ser contada, e a organização desses coletivos varia de acordo com a necessidade do espetáculo e das funções envolvidas em cada novo trabalho.

Seja coletiva ou colaborativamente, o trabalho em grupo é a marca do fazer teatral.

Neste capítulo, vamos conhecer algumas maneiras diferentes de fazer teatro e perceber como são múltiplas as possibilidades de cenografia, figurino, iluminação, trilha sonora; enfim, para o teatro.

CAMINHOS

Teatro de grupo

Fazer teatro é uma experiência de estar junto: junto com o público, junto com outros atores em cena, junto com um grupo de pessoas que se reúnem e que ajudam a criar e a dar vida a um espetáculo.

Os grupos de teatro se formam por diversas razões: um grupo de amigos que frequentam a mesma escola e gostam de teatro; a vontade de contar histórias em formato cênico; o desejo de ocupar um espaço na sociedade por meio da arte; discutir questões sociais, culturais, políticas, ambientais, artísticas, históricas, de reflexão sobre o ser humano e o mundo em que vive por meio do teatro e sua linguagem.

Os grupos vão se organizando, criando e descobrindo sua maneira de organização para que consigam dar forma às suas inquietações e dividi-las com o público por meio da cena. Além dos atores, um grupo de teatro pode ter, entre os elementos que o constituem, alguém responsável pela direção do espetáculo – o diretor ou a diretora; alguém que cuide, pesquise e crie os figurinos – figurinista; alguém que pense, crie e opere o som – sonoplasta; e a luz – iluminador. Existe, ainda, quem escreve o texto da peça – o dramaturgo; alguém que cuide da elaboração e construção do cenário – cenógrafo; e alguém que cuide dos objetos, figurinos, elementos usados em cena – o contrarregra.

Bastante gente, não acha? Isso sem falar da pessoa que fica na bilheteria do teatro, e todos aqueles que ajudam na produção de cada elemento: costureiras, marceneiros, artistas plásticos; enfim, uma equipe grande reunida em torno de uma ideia, de uma história a ser compartilhada.

Vamos falar de duas maneiras conhecidas de funcionamento de grupos teatrais, no Brasil e no mundo. É claro que existem muitas outras maneiras, mas a criação coletiva e o processo colaborativo são dois modos bastante usados pelos grupos.

TRILHA

Modos de existir dos grupos de teatro

Observe estas fotos. Repare como a iluminação nos ajuda a pensar sobre o fazer teatral. Na primeira imagem, cada pessoa tem seu próprio foco, mesmo que elas façam parte da mesma peça. Já na segunda imagem, elas estão juntas, no mesmo espaço, sob a mesma luz.

- Que história você imagina que está sendo contada nessas fotos?

Cenas do espetáculo *Naquele dia vi você sumir*, de Coletivo Áreas. Rio de Janeiro (RJ), 2017.

ANDANÇA
Formando imagens

Vamos nos organizar em grupos de seis pessoas. Primeiro, em duplas, vamos formar uma imagem, como uma foto. Serão três fotos por grupo. Num segundo momento, todas as seis pessoas devem formar uma única imagem. O desafio é se organizarem de forma que cada pessoa faça parte dessa imagem. Definam uma ordem para saber quem começa propondo uma imagem corporal para que os demais possam ir se encaixando até formar uma imagem coletiva final.

A criação coletiva

Quando vemos uma peça de teatro, a tendência é que nosso foco seja nos atores e no que eles fazem e dizem em cena. Mas não vamos esquecer que uma peça de teatro é uma criação de todas as pessoas envolvidas: quem escreveu, quem fez o cenário, a iluminação, o figurino; enfim, existem muitos elementos em cena junto com os atores.

Quando um grupo escolhe fazer uma peça por meio do processo de criação coletiva, esse grupo está escolhendo um modo de fazer teatral em que não há divisão rígida entre as funções artísticas, ou seja, todos podem experimentar, opinar, criar e executar as funções dentro da criação.

A criação coletiva é um processo de construção do espetáculo teatral que ganhou destaque na década de 1970, e que se caracterizava por uma participação ampla de todos os integrantes do grupo na criação do espetáculo. Todos traziam propostas cênicas, escreviam, improvisavam figurinos, discutiam ideias de luz e cenário, enfim, todos pensavam coletivamente a construção do espetáculo sem definir funções artísticas para cada um do grupo.

Nas duas fotos, vemos cenas diferentes do espetáculo *Naquele dia vi você sumir*, com o Coletivo Áreas, no Rio de Janeiro. O texto da peça foi concebido por meio de um processo de criação coletivo com os atores – ou seja, não foi escrito por um dramaturgo para ser encenado pelo grupo; o texto foi escrito pela organização de ideias e narrativa dos autores.

O processo colaborativo

Observe a imagem a seguir.

Criado em processo colaborativo, *Lágrimas de guarda-chuva*, espetáculo do grupo Arte e Fatos.

- Quais elementos teatrais você reconhece?
- Esses elementos são de responsabilidade de qual artista dentro de um grupo de teatro?

Um pouco diferente do processo de criação coletiva, chamamos de processo colaborativo quando todos os integrantes do grupo, a partir de suas funções artísticas específicas, têm igual espaço de propor, produzindo uma obra cuja autoria é compartilhada por todos. Ou seja, nesse processo de criação teatral, o diretor não é mais importante que o dramaturgo, o dramaturgo não é mais importante que o ator e assim por diante. Desse modo, a dinâmica do processo colaborativo é de criação compartilhada.

As conversas e defesas dos pontos de vista sobre determinado elemento (luz, som, cenário, figurino etc.) existem e são importantes para um maior entendimento de todos a respeito do elemento em questão. O resultado, a cena, a peça, será, portanto, fruto da colaboração de todos os envolvidos, cada um na sua função, da maneira mais interessante àquela história, àquele espetáculo.

TRILHA
Múltiplos pontos de vista

Quando falamos nas funções dentro de um grupo de teatro e no rodízio de pessoas para executá-las, podemos ficar com a impressão de que o ator e a atriz possuem um lugar seguro, fixo, dentro da estrutura teatral. No teatro mais tradicional, isso é verdadeiro, mas nem sempre precisa ser assim.

Augusto Boal (1931-2009) foi um diretor, dramaturgo e teórico brasileiro reconhecido internacionalmente pelo seu trabalho. Na década de 1970, criou o Teatro do Oprimido: uma prática teatral com enfoque social e político, reunindo diversas ações para dar liberdade ao público.

As imagens a seguir mostram momentos de espetáculos com processo de criação do Teatro do Oprimido.

Cena do espetáculo *Arena conta Zumbi*. Rio de Janeiro (RJ), 1976.

Cena da peça *O melhor juiz, o rei* no Teatro de Arena, em 1963. A partir de 1953, o teatro brasileiro sofreu uma renovação e nacionalização com alguns dos mais importantes grupos teatrais brasileiros das décadas de 1950 e 1960.

Uma das práticas que fazem parte do Teatro do Oprimido é conhecida como Sistema Coringa. Diferentemente das peças de teatro apresentadas de forma tradicional, com uma distribuição fixa de personagens entre os atores e as atrizes que contam uma história linear, do começo ao fim, no Sistema Coringa todos os atores e todas as atrizes vão se alternando para fazer um ou mais personagens da peça. Além disso, existe o personagem Coringa, uma espécie de narrador que pode entrar e sair da história quando e como quiser, pedir que uma cena seja refeita sob outra perspectiva e até entrevistar um dos personagens.

- **Quais transformações esse sistema causa, tanto em quem está em cena como em quem assiste ao espetáculo?**

Do ponto de vista dos atores em cena, todos precisam e podem ter sua visão sobre a história que estão contando, conhecendo bem sua estrutura e todos os seus personagens. Já para o público, a narrativa vai apresentando múltiplos pontos de vista sobre a história.

Ao diferenciar os personagens por aquilo que eles falam, ou como agem, e não pelo figurino, o Sistema Coringa também torna mais fácil a troca dos personagens entre os atores, conduzindo de forma mais clara a atenção do público.

O Sistema Coringa proporciona um exercício de alteridade dentro da estrutura da própria cena. Um movimento vivo entre os atores. Um jogo de escuta, de tentativa de entendimento, de descobertas de si, do outro e da coexistência de visões sobre um personagem, sobre uma história; enfim, sobre o mundo.

TRILHA
Luz e sombra

Vamos imaginar que tudo o que você tem em mãos é uma lanterna. É possível fazer teatro apenas com isso? Sim, é possível! Usando suas mãos e a lanterna, você pode projetar sombras na parede e contar uma história!

O teatro de sombras é uma das formas mais antigas de contação de histórias. É um tipo de teatro bastante tradicional na Ásia, em países como Tailândia, Camboja e Índia. Segundo a lenda, ele teria surgido na China.

Um imperador chinês estava muito triste com a morte de sua bailarina preferida. Então ordenou ao mago do castelo que a trouxesse de volta, ou ele seria enforcado.

O mago, então, teve a ideia de confeccionar uma silhueta de bailarina usando a pele de um peixe. Depois, ele pediu aos serviçais do reino que colocassem uma cortina branca no jardim do palácio. Na hora da apresentação, usando a luz do sol como fonte e ao som de uma flauta, o mago fez surgir a sombra da bailarina, que dançava graciosamente, para alegria do imperador. Assim teria surgido o teatro de sombras e, por isso, ele é bastante conhecido como teatro de sombras chinesas. Hoje em dia, o teatro de sombras é encenado no mundo todo, com diferentes técnicas e possibilidades.

Observe a imagem.

Sacy Pererê – A lenda da meia-noite, produção da Cia. Teatro Lumbra, com direção de Alexandre Fávero. Porto Alegre (RS), 2002.

● Você reconhece alguma figura nessa foto? Como você imagina que foram feitas as sombras?

O livro *Sacy Pererê: resultado de um inquérito*, organizado por Monteiro Lobato, serviu de inspiração para a montagem da peça *Sacy Pererê – A lenda da meia-noite*. Trata-se de uma história de suspense sobre um viajante que perde todas as suas coisas depois de ser pego de surpresa por um saci. Observe bem as imagens e as sombras projetadas. É possível compor com muitos detalhes além de figuras e silhuetas. Essas imagens estão sendo projetadas sobre uma superfície branca, como um tecido ou um simples lençol, por exemplo. O uso das cores é outro recurso que pode ser explorado, utilizando materiais transparentes que filtram a luz, de maneira a colorir a imagem.

Cena do espetáculo *Iara*, da Companhia Lumiato, criada na Argentina em 2008. Em 2012, a companhia se mudou para Brasília (DF), onde desenvolve seu trabalho.

Os bonecos podem ser feitos com papelão ou outros materiais mais firmes. Um detalhe: a distância dos bonecos em relação à fonte de luz e ao tecido cria um jogo de alturas e proporções que pode ser explorado durante a história.

Outra possibilidade é usar o próprio corpo e elementos com texturas diferentes para criar sombras e contar histórias. Veja as imagens a seguir.

Na primeira imagem, temos um grupo de alunos fazendo uma cena projetada na cortina branca. Repare que uma aluna está com um microfone. Ela deve ser a narradora da história.

Oficina Vivência no Teatro de Sombras, realizada pela Cia. Teatro Lumbra. Curitiba (PR), 2017.

O teatro de sombras pode ser encenado também em espaços abertos, como vemos na imagem ao lado. Basta escolher a superfície onde as sombras serão projetadas e ter uma fonte de luz potente. Pode-se usar não apenas o corpo, mas outros elementos para a criação das sombras. Observe como até as cores da bandeira que o ator segura são projetadas na fachada do prédio. Os recursos são infinitos. A ideia é inventar seres e formas com dois ou mais corpos e outros elementos de diferentes volumes e formas. Basta uma lanterna, um lençol ou uma parede, você, seus amigos e muita imaginação!

Sombra projetada em Igreja. São José dos Campos (SP), 2010.

TRILHA
E por falar em bonecos...

A presença de bonecos no teatro também é bastante antiga e se manifesta em diversas partes do mundo.

Como o próprio nome diz, o teatro de bonecos é feito apenas por bonecos. Os atores saem de cena e dão lugar a esses seres que são feitos de diversos materiais – tecido, papel, madeira etc. Os bonequeiros são os artistas que criam e manipulam os bonecos de forma artesanal, dando a eles a forma humana ou de animais ou de qualquer outro personagem real ou imaginário. Ao manipular os bonecos, usando bem a voz, os bonequeiros fazem o boneco parecer estar vivo, encantando a plateia.

Valdeck de Garanhuns, mestre em teatro de mamulengos, e seus bonecos.

Observe as imagens a seguir.
Vimos aqui três formas de teatro de bonecos.

- **Qual das imagens mais chama a sua atenção? Por quê?**

O *bunraku* é o teatro profissional de bonecos no Japão, considerado patrimônio da cultura japonesa. Apesar de ser feito com bonecos, não é um teatro para crianças.

Teatro Nacional de Marionetes. Cesky Krumlov, República Tcheca, 2014.

- **Você consegue imaginar como é manipular cada um desses bonecos?**

Perceba as diferentes relações entre boneco e manipulador em cada situação.

Na primeira imagem, temos o mestre Valdeck de Garanhuns com seu teatro de mamulengos. O mamulengo é um tipo de fantoche, muito presente na Região Nordeste do Brasil, principalmente em Pernambuco. O nome "mamulengo" tem origem desconhecida, mas acredita-se que tem a ver com a expressão "mão molenga", pois, para manipular esse tipo de boneco, o manipulador deve vesti-lo como uma luva e ter as mãos e os dedos flexíveis para criar toda a movimentação.

79

De maneira geral, nessa forma de teatro, quem manipula o boneco fica escondido dentro da barraca, tolda ou empanada, com os braços esticados, colocando os bonecos acima de sua cabeça.

O teatro de mamulengos é considerado patrimônio imaterial da cultura brasileira. Com quase 40 anos de carreira como artista, o mestre Valdeck leva seus bonecos pelo Brasil e pelo mundo, contando as histórias do povo.

A segunda imagem mostra o *bunraku*. Essa forma de teatro de bonecos é uma herança da cultura popular no Japão. São necessários três manipuladores – chamados de titereiros – para cada boneco: o titereiro-chefe é responsável pelos movimentos da cabeça, olhos, sobrancelhas, boca e braço direito do boneco; o primeiro titereiro auxiliar é chamado de titereiro-da-esquerda, e é o responsável pelo braço esquerdo do boneco; por fim, e não menos importante, existe o titereiro-das-pernas, que cuida da movimentação das pernas do boneco.

Na relação com o boneco, os titereiros ficam no mesmo nível, ou seja, visíveis para o público. Apenas o titereiro-chefe pode aparecer com o rosto descoberto. Os outros dois usam um figurino todo preto, inclusive uma espécie de máscara que lhes esconde o rosto.

A sintonia entre os três titereiros é o que garante a beleza do *bunraku* e o realismo na movimentação dos bonecos. Eles precisam estar muito conectados, ensaiar bastante, pois nesse tipo de teatro não é possível improvisar.

Na terceira imagem, podemos observar outro tipo de relação com o boneco: repare que as mãos dos manipuladores aparecem um pouco acima deles. Isso quer dizer que, no teatro de marionetes, os manipuladores ficam acima dos bonecos, também escondidos, na maioria das vezes, e a manipulação é feita por fios ligando partes do boneco a um controle de madeira – chamado de comando ou cruzeta – nas mãos de quem manipula.

A origem desse tipo de teatro de bonecos é francesa e surgiu durante a Idade Média. Hoje em dia, na República Checa, na Europa Central, existe o Teatro Nacional de Marionetes na cidade de Praga, que se tornou uma referência mundial desse tipo de teatro.

ANDANÇA
Manipular e ser manipulado

Vamos aproveitar esse universo do teatro de bonecos e experimentar um jogo de manipulação.

1. Formem grupos de quatro pessoas. Uma pessoa será um boneco. As outras três pessoas serão manipuladores: um manipula cabeça e troncos, outro manipula braço e perna do lado direito, e o terceiro manipula os do lado esquerdo. Quem estiver no papel do boneco deve confiar nos manipuladores e experimentar deixar cabeça, tronco e membros serem de fato manipulados.

2. Cada manipulador deve explorar um pouco o membro que vai manipular, movimentando-o com cuidado, de forma a mostrar para quem está no papel do boneco onde é e como funcionam as articulações pelas quais será responsável.

3. Depois, com cuidado, os manipuladores podem explorar situações simples como sentar, levantar, caminhar, escrever uma carta, tirar uma foto etc.

4. Todas as pessoas do grupo devem ser o boneco em algum momento, e os manipuladores devem trocar de lugar entre si para experimentar manipular outras partes.

5. No final, vocês podem conversar sobre as sensações de quando manipularam e de quando foram manipulados.

Mirante

Um teatro de gigantes

Imagine que você está andando na rua, a caminho da escola, e, de repente, encontra um gigante!

Uma companhia francesa de teatro de rua chamada Royal de Luxe é conhecida no mundo todo por criar espetáculos com marionetes gigantes, sustentadas por guindastes e que percorrem as ruas, praças e parques das cidades.

Personagem da história *A gigante do Titanic e o **escafandrista***. Holanda, 2018.

Observe na imagem anterior o tamanho das marionetes em relação aos humanos. Perceba os manipuladores com roupa vermelha, responsáveis por toda a movimentação dos bonecos.

Há muita sintonia entre os manipuladores! É preciso um verdadeiro time, chegando a ter até vinte manipuladores em cada boneco. Um ou mais manipuladores cuidam de uma parte do corpo. E há, ainda, o piloto do guindaste!

Escafandrista: mergulhador que utiliza o escafandro – roupa de mergulhador com aparelho para respirar.

Marionetes gigantes da Royal de Luxe, em apresentação no Reino Unido, 2012.

Esse tipo de espetáculo é sempre apresentado ao ar livre, transformando a cidade e os lugares por onde passa em cenário para essas criaturas enormes. É o teatro interferindo na sociedade de maneira objetiva, transformando a realidade, o cotidiano das pessoas na cidade.

- Ao observar as imagens, como você relaciona o mecanismo por meio do qual os gigantes são manipulados e a atividade de manipulação que vocês acabaram de fazer?

81

TRILHA
A poesia dos objetos

Vamos falar mais um pouco sobre outras formas de teatro.

Imagine a seguinte cena: alguns objetos que ficam na cozinha da sua casa resolvem se juntar e contar uma história. Será que isso é possível?

No teatro de animação, é exatamente isso que acontece: todo e qualquer objeto, sem vida, e até que pareça sem utilidade, pode entrar em cena e se transformar em personagem!

Essa forma de teatro, também conhecida como teatro de formas animadas, é um modo de criar uma cena utilizando qualquer objeto em mãos. Tudo depende do objeto que escolhemos e da maneira como fazemos a sua manipulação, dando-lhe vida e significados diferentes do que ele possui na realidade. É como se fosse um jogo, uma brincadeira, nos quais a imaginação é um ingrediente que não pode faltar.

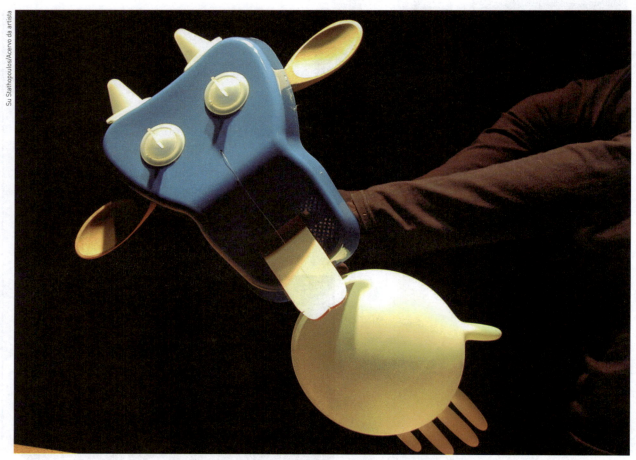

Cena do espetáculo *O sítio dos objetos*, da Companhia Mariza Basso Formas Animadas. Bauru (SP), 2014. Com objetos do dia a dia, a artista cria diversos personagens da vida no campo.

- Quantos objetos diferentes você consegue identificar na imagem? Quais são eles? Em qual personagem os objetos se transformaram?

Trucks é uma companhia paulistana de teatro de animação criada em 1990 e que transforma os objetos de maneira simples e surpreendente. A companhia viaja pelo país levando suas criaturas e histórias: são quase vinte espetáculos utilizando objetos, bonecos e vídeos, com muito humor e criatividade.

Imagine o que pode acontecer quando três amigos resolvem acampar, levando uma mochila cheia de objetos e muita imaginação?

- Observe a imagem a seguir e descreva: quais objetos são usados para a construção dos três personagens? O que você imagina dessa história?

Os atores Rafael Senatore, Rogério Uchoas e Gabriel Sitchin em cena da peça *Acampatório*, da Companhia Trucks.

ANDANÇA
Ressignificando objetos

Agora é a sua vez de experimentar novas possibilidades para os objetos.

Escolha um único objeto que você tenha na sua mochila ou que tenha trazido para a escola hoje e que esteja perto de você. Só vale um único objeto!

Agora, vamos formar grupos de seis pessoas. Cada um leva o seu objeto para o grupo que formar. O jogo é simples:

1. Cada grupo deve formar uma roda e todos os integrantes de cada grupo colocam seu objeto no centro da roda.
2. Durante dois minutos, todos observam quais objetos estão no centro da roda.
3. Em seguida, uma pessoa de cada vez escolhe um dos objetos que está na roda do seu grupo e utiliza esse objeto de uma maneira nova, dando ao objeto uma nova função, diferente da função original dele.

4. Todos na roda devem escolher um único objeto. Pode acontecer de duas pessoas pegarem o mesmo objeto. Se isso acontecer, cada uma delas deve apresentar esse mesmo objeto com um significado diferente.

5. Observe como cada um encontra novos significados e funções para os objetos.

6. No final, quando todos já tiverem participado, vocês podem conversar sobre as impressões a respeito desse jogo.

Neste capítulo, você viu diferentes formas de teatro: de sombras, de bonecos e de animação.

● **Qual dessas formas chamou mais a sua atenção? Por quê?**

É importante não esquecer que não existe uma forma de teatro melhor que a outra. Existem maneiras e possibilidades distintas e é exatamente isso, essa variedade de modos de fazer teatral que reforça a ideia de que o teatro é um lugar da coexistência, do estar junto com o outro, em cena ou na plateia, na rua ou em um lugar fechado, com os mais variados elementos.

CONEXÕES
Carnaval e teatro

● **Você gosta de Carnaval? Já participou de algum desfile? Já assistiu a algum desfile, ao vivo ou pela televisão?**

Como uma das mais tradicionais e conhecidas festas brasileiras, o Carnaval – que não existe só aqui e que foi trazido pelos portugueses no Período Colonial – apresenta características que nos permitem relacioná-lo com o surgimento do teatro.

Primeiro, trata-se de uma festa. O teatro, assim como o Carnaval, tem início com uma festa da Antiguidade, na Europa.

Existem algumas versões para a origem dessa festa. Uma das mais conhecidas fala sobre festas que aconteciam ao final do inverno, como forma de saudar a nova estação, a primavera, trazendo vida nova e fertilidade.

Uma das principais características do Carnaval era a inversão dos papéis sociais: homens se vestindo de mulher, escravizados faziam o papel dos senhores e vice-versa. Observe que essa troca de papéis também é um dos princípios do teatro: o ator se coloca no lugar de outra pessoa, torna-se um personagem.

Essa relação entre o Carnaval e o teatro fica ainda mais próxima quando olhamos para as festas medievais, principalmente em Veneza, com os bailes e desfiles de máscaras. É como se as máscaras, presentes na origem do teatro grego, ganhassem um novo significado.

O Carnaval é também descrito como um desenvolvimento das festas dionisíacas – festas em homenagem ao deus Dioniso, o deus do vinho e do teatro.

No Brasil, o Carnaval tem início no Período Colonial e vai se desenvolvendo ao longo do tempo. Manifestações como frevo, maracatu, cordões e bailes se espalham pelo país. No Carnaval de rua, as marchinhas eram e ainda são cantadas por todos. Aos poucos, elas deram lugar aos sambas-enredo, e as escolas de samba foram se organizando e se desenvolvendo até chegar ao que são hoje, reunindo milhares de pessoas, tanto de dentro quanto de fora da comunidade, e até turistas de outros estados e países, para fazer parte do desfile.

O Carnaval é uma festa que acontece no mundo todo, mas aqui no Brasil ganhou grandes proporções.

A mistura de música, dança, visualidade, teatralidade e até mesmo tecnologia faz do nosso Carnaval uma festa admirada no mundo todo. É um de nossos patrimônios culturais, um retrato da nossa identidade como brasileiros.

Há elementos que fazem parte de uma escola de samba que possuem traços teatrais. Observe a imagem a seguir.

Comissão de Frente durante o Desfiles das Campeãs do Carnaval na Marquês de Sapucaí. Rio de Janeiro (RJ), 2017.

- Você consegue identificar esses elementos?

A configuração de uma escola de samba é composta de elementos teatrais: a comissão de frente abre espaço para a passagem da escola com personagens e movimentações teatralizadas; as fantasias são como figurinos; as alas são separadas como os **coros gregos**; a coreografia do casal de mestre-sala e porta-bandeira traz uma relação entre personagens típicos; os carros alegóricos seriam pequenos cenários onde trechos da história, do samba-enredo, são ilustrados e muitas vezes literalmente encenados; a bateria, conhecida como o "coração" da escola, dita o ritmo da festa, preenchendo toda a avenida com música.

Na próxima vez em que você assistir a um desfile de escola de samba, ao vivo ou na TV, procure observá-lo com um olhar teatral. Você vai reconhecer elementos cênicos que podem inspirar novas histórias.

Glossário

Coro grego: conjunto de atores que fazia parte das tragédias e comédias gregas. Esse grupo cantava, dançava e narrava partes da história, todos juntos, em uníssono.

AMPLIAR
Silhuetas e cores que contam história

Nesta unidade, falamos um pouco sobre a figura central do teatro, a personagem, e como a máscara auxilia na criação de diversos tipos de personagens. Passeamos também por diferentes formas de fazer teatral.

O diretor francês Michel Ocelot se tornou mundialmente conhecido por seus trabalhos no cinema de animação. *Kirikou e a feiticeira* (1998) e *Azur e Asmar* (2006) são dois de seus filmes bastante conhecidos. *Contos da noite* (2011) é inspirado na linguagem do teatro de sombras. Observe nas imagens abaixo os detalhes dos personagens e dos cenários.

Cenas do filme *Contos da noite*, de Michael Ocelot, 2011.

Chegada

Cena de objetos animados

Vimos que o teatro é a arte da relação, do fazer junto.

Então, agora é um momento no qual você pode vivenciar um pouco mais da experiência teatral, de acordo com a função que lhe chama mais a atenção: diretor, dramaturgo ou ator.

Você se lembra da seção **Andança** com objetos? Vamos retomar essa brincadeira e criar uma pequena cena a partir da troca de objetos e sua animação.

1. Formem grupos de cinco pessoas cada.
2. Escolham qual é a função de cada um nesse coletivo: um diretor, um dramaturgo e atores.
3. Descubram juntos de qual maneira esse pequeno grupo vai trabalhar: coletivamente ou colaborativamente.
4. Cada pessoa do grupo deve ter um objeto.
5. Durante alguns minutos, todos os integrantes do grupo devem observar os objetos.
6. Criem uma cena curta na forma de teatro de objetos.
7. Ensaiem e divirtam-se!
8. Compartilhem o trabalho de vocês com os demais colegas da classe e, se tiver possibilidade, com outras turmas da escola. É possível, ainda, organizar uma apresentação e pedir aos colegas que registrem o momento. Depois, com a ajuda do professor, vocês podem criar uma página nas redes sociais e divulgar o trabalho que fizeram.

Agora é o momento de olhar para tudo o que pensamos e fizemos até aqui.

- Quais elementos teatrais você já conhece? Qual deles desperta em você mais interesse? Por quê?
- Como você explica o que é um personagem no teatro? Como pode ser a criação de um personagem?
- O teatro se faz em grupo. De quais maneiras os grupos se organizam e qual delas chama mais a sua atenção? Por quê?
- Qual das andanças desta unidade você mais gostou de fazer? Por quê?
- Quais as diferenças e semelhanças entre as formas de teatro apresentados nesta unidade?

UNIDADE 3
DANÇA

Marcus Camargo/Acervo da companhia

Apresentação do espetáculo *No singular*, da Quasar Cia. de Dança.

Partida

As imagens mostram duas apresentações de dança.

1. Você consegue identificá-las?

2. Na imagem do espetáculo *No singular*, da Quasar Cia. de Dança, o público foi convidado a dançar junto com os bailarinos. Observe mais atentamente a imagem. Quem é bailarino e quem é público?

O corpo como ponte para o mundo!

Apresentação do grupo de dança kaingang da Escola Estadual Indígena de Ensino Fundamental Toldo Campinas. Redentora (RS), 2014.

3 Para onde os dançarinos da primeira imagem estão olhando? E, na segunda imagem, onde está o foco do olhar dos dançarinos?

4 Você se imagina realizando esses movimentos?

CAPÍTULO 1
Nós dançamos!

Crianças dançam depois de marcarem um gol no bairro de Eersterust. Pretória, África do Sul, 2010.

Espetáculo de dança *Na batalha*, com dançarinos do passinho. Rio de Janeiro (RJ), 2015.

Lia de Paula/MinC

Observe as duas imagens.

- É possível dizer que os jovens estão unidos por meio da dança?
- Quais são as características do lugar onde cada grupo se apresenta?
- Quais diferenças você vê nos movimentos dos dois grupos?
- O que o primeiro grupo de meninos expressa com seus movimentos? E o segundo grupo?
- Você já experimentou dançar em grupo? Imagine uma ou duas sensações de alguém que dança em grupo. Fale sobre isso.

CAMINHOS
"Dançar juntos"

- O que você vê quando assiste a uma dança?
- Já assistiu a algum espetáculo de dança que fez você sentir vontade de dançar também?
- Você já participou de alguma apresentação ou espetáculo de dança?

Observe novamente as imagens da abertura desta unidade. Como você viu, ao final do espetáculo de dança contemporânea *No singular*, da Quasar Cia. de Dança, o público é convidado a subir no palco e dançar uma coreografia junto com os dançarinos. Estes ensinam uma parte da coreografia aos espectadores, e mostram a sequência de movimentos, que o público acompanha, tentando realizá-los.

Glossário

Integração: quando elementos diferentes interagem e formam um conjunto, ou quando pessoas agem em conjunto, criando um sentido de união.
Mata Atlântica: é a floresta tropical que abrange todo o litoral do Brasil.
Terras indígenas: são áreas mantidas sob a posse e ocupação dos povos indígenas originários daquele local.

- Se você fosse convidado para subir ao palco ou para fazer parte de uma apresentação de dança, como se sentiria?

A possibilidade de interação entre o público e os dançarinos, ocupando o mesmo espaço da cena no palco, mostra que qualquer pessoa pode experimentar o movimento e aproxima a dança do cotidiano, da vida. Dançar junto pode ser, assim, uma experiência de **integração** entre as pessoas.

Na segunda imagem, vemos uma manifestação cultural do povo kaingang, uma etnia indígena brasileira que vive em cerca de 30 **terras indígenas** distribuídas nas regiões de **Mata Atlântica** do Sul e do Sudeste do Brasil.

Na dança apresentada pelos jovens estudantes da etnia kaingang, é possível observar que meninas caminham para o lado direito e meninos para o lado esquerdo, com ambos os grupos formando uma meia roda. Você consegue imaginar a posição a que eles vão chegar?

 ## Clareira

Quasar Cia. de Dança

A Quasar Cia. de Dança foi criada em 1988, em Goiânia (GO), por Vera Bicalho (diretora geral) e Henrique Rodovalho (diretor artístico e coreógrafo). A Quasar tem uma linguagem própria de dança que mistura movimentos acrobáticos, movimentos gestuais, formas de interpretação e estabelece forte relação com a música e com elementos de outros campos da arte, como o vídeo, as artes visuais, o teatro, a música e a tecnologia.

- Você já se arriscou a dançar um ritmo que nunca tinha dançado? Ou já tentou ensinar uma dança para alguém? Como foi a experiência de ensinar? E a de aprender?

Espetáculo *No singular*, da Quasar Cia. de Dança.

Todos dançam de pés descalços. Os meninos carregam uma espécie de flecha nas mãos. Sabemos que eles estão se apresentando porque há uma organização dos movimentos no espaço e uma espécie de figurino, além de ser possível ver um público ao fundo da tenda.

- Observando novamente a imagem dos kaingang na abertura desta unidade, quais outras características da dança desse povo você consegue notar?

TRILHA
Tornar-se presente pelo movimento

- Enquanto você lê este texto, a planta de seu pé esquerdo está apoiada no chão?
- Os seus joelhos estão estendidos ou dobrados? Seus ombros estão alinhados?
- Observe a imagem a seguir: é possível dizer que a dançarina Angel Vianna está dançando com as sapatilhas nos pés?
- Quais movimentos indicam ou não que o que ela está fazendo é uma dança?

Na imagem, vemos a bailarina e coreógrafa mineira Angel Vianna, com mais de 80 anos de idade, sentada em uma cadeira de madeira, vestida com sapatilhas de bailarina clássica, olhando para os próprios pés durante o espetáculo *Amanhã é outro dia*. No canto da imagem, aparece parte de uma cadeira de rodas. Você notou essa cadeira de rodas?

Angel veste as suas antigas sapatilhas de balé e relembra alguns movimentos de pés e pernas do balé clássico. Essa ação consiste em uma dança, pois ela cria uma nova composição por meio de um movimento que aprendeu a fazer, mas agora em uma dinâmica diferente, levando em consideração o seu momento de vida e o que ficou marcado em sua memória de dançarina. Em seguida, a bailarina convida o público para se levantar da cadeira e realizar, com ela, alguns movimentos com o corpo de maneira consciente. Desse modo, Angel inclui o público na dança e possibilita que cada um descubra os benefícios do movimento em seu próprio corpo.

- Imagine que você está sentado em uma cadeira de rodas. Qual movimento você seria capaz de realizar?

Vamos experimentar fazer alguns movimentos que Angel propôs ao público? Erga os braços para cima, mantendo os ombros relaxados, e sinta sua respiração se ampliar por todo o tronco, esticando a coluna.

- O que você percebeu em sua respiração ao levantar os braços?

Angel Vianna nos ensina que, para dançarmos, não precisamos necessariamente fazer movimentos rápidos, grandes saltos ou piruetas. Basta estarmos presentes em cada movimento que realizamos com o corpo. Ao dar atenção aos gestos, eles ganham sentido na dança, um sentido que é único para cada pessoa.

Angel Vianna no espetáculo *Amanhã é outro dia*. São Paulo (SP), 2016.

93

Clareira

Angel Vianna e o "corpo filósofo"

Angel Vianna, dançarina, coreógrafa e educadora do movimento na linguagem da dança, deu origem à Escola de Dança Angel Vianna, fundada na década de 1980, no Rio de Janeiro (RJ), e que continua formando bailarinos, coreógrafos e outros professores no Brasil. Para ela, todo ser humano é criador, e suas particularidades são a essência dessa criação. Angel diz que todos podemos desenvolver um "corpo filósofo", ou seja, que sente e pensa por inteiro, capaz de perguntar: Como a pele, os ossos e as articulações corporais se organizam e se manifestam no espaço?

- Qualquer corpo pode se expressar por meio da dança?

Angel Vianna durante a 56ª Premiação dos Melhores da Associação Paulista de Críticos de Arte (APCA). São Paulo (SP), 2012.

TRILHA
A dança é para todos

No método de dança chamado DanceAbility, um grupo formado por dançarinos com algum tipo de deficiência física, misturado a outros que não têm, improvisam e exploram seus movimentos artisticamente.

Espetáculo *Third wheel* (*Terceira roda*), com dançarinos do grupo DanceAbility. Oregon, Estados Unidos, 2018.

Espetáculo *Don't leave me* (*Não me deixe*), com dançarinos do grupo DanceAbility. Oregon, Estados Unidos, 2013.

Alito Alessi é coreógrafo, diretor artístico e cofundador do projeto DanceAbility. Há mais de 30 anos, desenvolve esse método, que tem como objetivo criar um ambiente respeitoso, seguro e acolhedor para todas as pessoas que queiram dançar.

De acordo com o DanceAbility, todas as pessoas são capazes de dançar. Por meio de uma mistura de formas de dança que têm como base a improvisação, os dançarinos expressam a diversidade de seu corpo em movimento e questionam preconceitos que envolvem a dança.

Quando eles realizam a coreografia em conjunto, mostram que todos podemos dançar e que as limitações corporais podem ser vistas sob outras perspectivas. Cada um pode, a sua maneira, expressar-se por meio de seu corpo.

Vamos conhecer alguns nomes e possibilidades de movimentos do corpo?

Dança artística em cadeira de rodas com dançarinos do grupo DanceAbility. Oregon, Estados Unidos, 2018.

Coordenadas

Anatomia e nomes de movimentos

De que forma podemos estimular a percepção da **anatomia** do movimento para melhorar nossa postura corporal e a organização de nossos movimentos no espaço?

Torcer, girar, flexionar, estender, deslizar, equilibrar, soltar, alinhar são verbos que significam ações físicas relacionadas a um conhecimento de nossa anatomia corporal.

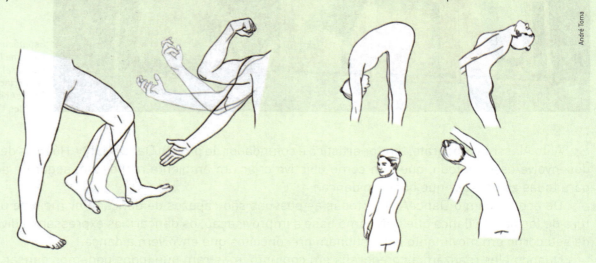

Flexão e **extensão**: são alguns movimentos anatômicos possíveis de serem realizados com nossos braços e a articulação dos joelhos (veja na imagem acima).

Há também a **flexão** e a **hiperextensão** da coluna, como mostra a imagem acima: dobrando o tronco e a cabeça para a frente na flexão e alongando a parte anterior (da frente) do corpo e inclinando a cabeça para trás na hiperextensão. Além disso, a coluna pode se inclinar lateralmente para um lado e para outro, formando um arco lateral.

Rotação: girando o tronco para um lado e para o outro, com os pés apoiados no chão, acompanhando com o olhar a mão que vai para trás do corpo.

Nos dias de hoje, muitas pessoas trabalham longas horas na frente do computador ou no celular. Isso impacta diretamente a postura da coluna cervical, ou seja, parte da coluna que se localiza na altura do pescoço. Vamos fazer um exercício de observação de como se organiza a cabeça no topo da coluna?

Imagine uma linha que atravessa todo o corpo, saindo da ponta do calcanhar e subindo pelas costas até o topo da cabeça. Essa linha é nosso "fio de prumo", que nos orientará nessa observação e no alinhamento de nossa coluna cervical, ou seja, das **vértebras** que compõem nosso pescoço e cabeça.

> ### Glossário
>
> **Anatomia:** estudo do corpo humano.
> **Vértebras:** são os ossos que compõem a coluna vertebral. Normalmente, o ser humano possui 33 vértebras. Cada região da coluna tem uma classificação: no pescoço são as vértebras cervicais; logo abaixo do pescoço, as torácicas; e na parte inferior do tronco, as lombares.

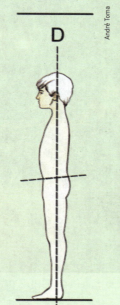

Nesta imagem, vemos os pontos que se alinham ao longo de todo o corpo: do calcanhar, passando pelo centro da bacia, até o topo da cabeça.

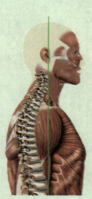 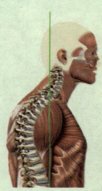 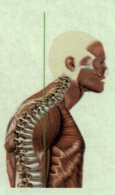

Na imagem acima, vemos como a cabeça vai saindo do fio de prumo e se deslocando para a frente e, ao mesmo tempo, a curva da coluna cervical (na altura do pescoço) vai ficando maior, mais acentuada.

Quando levamos a cabeça à frente de nosso corpo, o peso do crânio aumenta e as vértebras cervicais (do pescoço) precisam atuar com muito mais esforço, o que diminui os espaços entre elas e gera o risco de se machucarem e ficarem tensas, causando dores no pescoço. Para manter os espaços saudáveis no pescoço, traga sua cabeça para a linha de prumo, imaginando que um fio sai do topo de sua cabeça e a suspende para cima, de forma leve.

Caminhe um pouco pelo espaço com essa nova postura.

- Você sente que as vértebras de seu pescoço estão alinhadas com o restante do corpo? Como percebe isso?

Com alguns exercícios diários como esse, podemos manter os espaços internos entre as vértebras de nosso corpo e aumentar nossa mobilidade e flexibilidade.

- Você conhece algum alongamento corporal? Pode mostrar para a turma como o realiza?
- Quais membros de seu corpo você trabalha nesse alongamento? Consegue apontar quais músculos são alongados quando faz esse movimento? Qual músculo sente esticar?
- Você sente alguma parte de seu corpo dolorida quando a alonga?

Clareira

Dança e cidadania

Espetáculo *Samwaad: rua do encontro*. Projeto Dança Comunidade, de Ivaldo Bertazzo. São Paulo (SP), 2004.

- É possível aprendermos danças de povos que nem mesmo conhecemos?
- Existe um limite máximo de pessoas para realizar uma coreografia?

A partir dos anos 1970, o coreógrafo e reeducador do movimento Ivaldo Bertazzo começou a desenvolver trabalhos com "cidadãos-dançantes". Desde suas primeiras coreografias, trabalhou com pessoas "comuns", ou seja, que não são bailarinos profissionais, pois entende que qualquer um pode dançar, desde que se envolva e se dedique. Criou um método de estudo e de ensino do funcionamento do movimento e da diversidade de ações do corpo no espaço, propondo uma reeducação do movimento por meio do estudo do gesto. Foi assim que criou a ideia de "cidadão-dançante", que quer dizer que cada pessoa tem um corpo com características que podem ser reconhecidas e valorizadas. A cada nova coreografia, Bertazzo trabalha com um elenco diferente e, geralmente, numeroso.

A partir de 1996, com o espetáculo *Cidadão corpo*, o coreógrafo passou a trabalhar questões da atualidade cultural e social brasileira. Colocou 48 dançarinos no palco, que compunham um caleidoscópio de **ascendências** brasileiras: negro, índio, mulato, mediterrâneo, japonês. Eles dançavam maracatu, balé, maculelê, dança indiana, capoeira. Juntos, formavam um movimento em uníssono, como uma única voz integrada, reunindo as diferenças étnicas e culturais que constituem nossa formação brasileira.

Glossário

Ascendência: diz respeito a nossas raízes étnicas e culturais, a nossos antepassados

ANDANÇA

Despertando o corpo

1. Caminhe pelo espaço e observe seu corpo. Como você toca o chão com a planta dos pés? Qual é a parte de seus pés que primeiro encosta no chão?

2. Alongue-se, esticando os braços para cima e flexionando seu tronco para a frente, com os pés apoiados no chão. Faça um movimento circular com a articulação de seus pulsos para dentro e para fora. Movimente seus tornozelos, joelhos e ombros. Escolha um movimento que envolva esse despertar do corpo para compartilhar com a turma.

3. Forme um círculo com toda a turma.

4. Uma pessoa por vez mostra duas vezes o movimento de despertar o corpo que escolheu. Na primeira vez, o restante da turma somente observa. Na segunda, todos realizam juntos. Escolham um colega para narrar o que acontece, descrevendo quais membros do corpo estão sendo mobilizados, ativados com o movimento escolhido. Vocês podem se inspirar nos movimentos que vimos anteriormente: flexão, extensão, rotação.

5. Em seguida, outra pessoa da roda propõe o movimento para o restante do grupo.

- **Quais diferenças você observou entre o movimento de despertar que criou e a maneira como as pessoas realizaram esse mesmo movimento?**

A dança é possível para todos os seres humanos. Não importam as possibilidades corporais, tampouco de onde viemos, nossa nacionalidade, etnia, origem, sempre haverá uma forma, um estilo, um gesto para ser dançado, individual ou coletivamente.

Sabemos até agora que há uma diversidade de movimentos, formas e gestos corporais presentes no movimento humano. Entendemos que a prática do dançar é acessível a qualquer pessoa, independentemente do gênero, da classe social, da etnia. Também vimos como o conhecimento da anatomia do movimento pode nos ajudar a compreender e a usar melhor nosso corpo, tanto na dança quanto no dia a dia.

- **Podemos dizer que a dança é uma ponte de comunicação entre as pessoas?**

TRILHA

A composição coreográfica

Um dos elementos fundamentais da dança é a composição coreográfica, que envolve a relação com o espaço, com o ritmo, com o outro com quem se dança e com os elementos cênicos, como a iluminação e o figurino.

Uma maneira de estruturar uma coreografia envolve o movimento humano, a expressividade e uma forma de dança, que surgem de um repertório individual ou de um grupo. Esse repertório diz respeito ao modo como cada dançarino percebe o movimento e os caminhos que ele ou ela aprenderam para usar seu corpo, expressar-se por meio dele e criar a partir de sua experiência de vida, suas histórias, suas memórias e suas habilidades de movimento.

A estrutura de uma composição coreográfica pode ser dançada várias vezes do mesmo modo, se for uma estrutura fixa, ou de modos diferentes, se for uma composição coreográfica que utiliza a improvisação.

Memória de brinquedo, de Curitiba Cia. de Dança. Curitiba (PR), 2017.

A imagem acima mostra uma cena do espetáculo *Memória de brinquedo,* da Curitiba Cia. de Dança, que convidou o coreógrafo brasileiro Luiz Fernando Bongiovanni para compor com seus integrantes a coreografia. Bongiovanni propôs que os dançarinos se lembrassem das brincadeiras que faziam quando eram crianças. No espetáculo, o elenco brinca com uma dançarina como se ela fosse uma boneca, brinca de "estátua" e distribui bexigas para o público equilibrar, jogar e interagir com a cena. O objetivo da composição coreográfica não é colocar os dançarinos brincando no palco, mas, sim, mostrar a expressividade dos movimentos. Como são bailarinos, seus corpos brincando no palco possibilitam essa percepção pelo público. Enquanto eles se movem, é possível ver que em seus corpos há qualidades de movimento que são específicas do corpo que dança. Isso mostra como a brincadeira pode ser transformada em gesto expressivo.

Podemos dizer que eles estão usando os movimentos das brincadeiras para criar uma composição coreográfica.

ANDANÇA
Composição de solos, duos e trios

1. Crie um espaço em que a composição coreográfica deve acontecer. Você pode utilizar algum marcador para delimitá-lo (linhas, fitas, mesas e cadeiras etc.). 🔊 áudio

2. No espaço, uma pessoa começa caminhando, enquanto as outras observam em pé, na borda de fora dele. Em seguida, uma segunda pessoa entra e tenta encontrar o mesmo ritmo da primeira pessoa, caminhando lado a lado com ela. O duo se forma quando as duas pessoas encontram um mesmo ritmo de caminhada, sem ter que falar ou conduzir uma a outra.

3. Uma terceira pessoa entra e busca caminhar com o duo. Quando as três pessoas encontram um ritmo e uma direção da caminhada em comum, elas vão ter formado um trio.

4. A composição do duo ou do trio acontece quando as pessoas que caminham encontram um mesmo ritmo e direções juntas.

No próximo capítulo, veremos outras formas de dança e manifestações culturais em dança que envolvem diferentes membros do corpo e fazem uma ponte com diferentes histórias e memórias de um povo e de sua cultura. Vamos lá?

Coordenadas

Solos, duos, trios, corpo de baile?

Sagração da primavera, de Corpo de Dança do Amazonas. Mostra Brasileira de Dança. Recife (PE), 2015.

• Como dar nome a coreografias em que se dança só, em dupla, em trio ou em grupo?

Quando criamos uma coreografia individualmente, dizemos que estamos criando um solo de dança; se a dançamos em dupla, criamos um dueto; em três pessoas, um trio; e, em mais pessoas, pode-se falar em uma composição em grupo, um corpo de baile, termo usado para se referir ao corpo de bailarinos que fazem parte de uma companhia de dança, normalmente de balé clássico. Em uma composição coreográfica, podemos ver combinados solos, duos, trios e momentos em que todo o corpo de baile dança. Na imagem acima, o Corpo de Dança do Amazonas traz uma releitura da *Sagração da primavera*, espetáculo cuja música foi composta pelo russo Igor Stravinsky (1882-1971) e a coreografia, por Vaslav Nijinski (1889-1950) em 1913. Na *Sagração da primavera* do Corpo de Dança do Amazonas, os coreógrafos Adriana Góes e André Duarte fazem uma releitura da composição coreográfica original, introduzindo elementos da cultura indígena brasileira, principalmente do povo **ticuna**.

> **Glossário**
> **Ticuna:** um dos mais numerosos povos indígenas da Amazônia brasileira.

CAPÍTULO 2
Dança e raízes culturais

Observe as imagens. Nelas, podemos ver uma forma de dança que tem os movimentos ligados à cultura e à mitologia da Índia. Você já viu dançarinas vestidas assim? Observe atentamente os gestos delas e tente reproduzir uma dessas posturas que envolvem as duas mãos e os braços.

Apresentação de dança indiana clássica *bharatanatyam*. Daca, Bangladesh, 2015. As roupas também fazem parte dos códigos presentes nessa dança secular.

Grupo Locômbia Teatro de Andanças apresentando o espetáculo *Odissi*. Boa Vista (RR), 2013.

- **O que esses movimentos significam para você?**

Nossa cultura determina muitos de nossos comportamentos. Até mesmo nosso corpo pode se acostumar a posturas e gestos que estão ligados ao meio social em que vivemos, aos objetos e ambientes que utilizamos. Neste capítulo, você vai conhecer algumas danças de tradição clássica e popular e como elas trazem movimentos, ritmos, cores e histórias de muito tempo atrás. Essas danças podem, contudo, ser consideradas atuais, pois se relacionam com o movimento e a expressividade humanos, algo que está sempre se transformando com o tempo e no encontro com outras culturas.

CAMINHOS
Como cada sociedade se expressa através da dança?

Apresentação do Grupo de Cacuriá de Dona Teté. São Luís (MA), 2011.

- Você se lembra da primeira vez que dançou?
- Recorda-se de alguma situação em que ouviu um ritmo musical que fez com que você começasse a dançar? Que tipo de movimento você realizou?

Muitas danças no Brasil e no mundo trazem diferentes significados e compreensão da sociedade, o ser humano, a **ancestralidade**. A dança de roda chamada cacuriá surgiu na Região Nordeste, no estado do Maranhão. É uma das danças brasileiras que vêm se transformando e sendo influenciada por outras culturas regionais ao longo do tempo. A coreografia do cacuriá tem algumas variações, mas, geralmente, é dançada em roda. Na movimentação que vai se repetindo, os dançarinos rebolam os quadris e, em algum momento, se encontram em pares no centro da roda. As mulheres realizam **volteios** e fazem as saias se movimentarem. O ritmo da dança é marcado pelos tocadores de tambor que também cantam. A letra de cada canção sugere alguns movimentos para quem dança. É uma dança de ritmo bem marcado, que lembra um "arrastar de sandálias no chão". Quem dança está sempre trocando de lugar na roda.

Volte a olhar a imagem de abertura deste capítulo. Vemos o estilo *bharatanatyam*, uma das mais antigas formas de dança clássica indiana e que é ensinada no mundo todo.

- Você conseguiu pronunciar esse nome?

O modo como o *bharatanatyam* é ensinado na Índia, mas também no Brasil e em outros países, segue um método rigoroso e tradicional, ou seja, de modo parecido com o balé clássico, quem aprender um passo na Índia pode dançar com um dançarino que estudou o mesmo passo no Brasil, pois os gestos e os movimentos são os mesmos, isto é, os passos serão sempre iguais. No entanto, cada dançarino imprime sua particularidade, de acordo com sua estrutura anatômica e características culturais.

Glossário

Ancestralidade: que diz respeito às pessoas que vieram antes de nós, nossos antepassados.
Volteio: significa dar voltas em torno de si mesmo ou do outro com quem se dança.

Clareira

Os *mudras* indianos

Na dança indiana clássica, há um conjunto de movimentos realizados com as mãos e os braços chamados *mudras*. Os *mudras* são realizados pelos dançarinos indianos ou pelos praticantes de ioga como forma de conexão com o divino. Podemos distinguir infinidades de *mudras* reparando nas mãos dos deuses da **mitologia hinduísta**. Para aprender o movimento da dança indiana, é necessário passar pelo conhecimento dos movimentos dessas pequenas partes do corpo: as mãos e os dedos.

> **Glossário**
>
> **Mitologia hinduísta:** composta de uma riquíssima diversidade de deuses, crenças e divindades, cada um com suas peculiaridades. A quantidade de escrituras, pinturas e esculturas antigas indica que a origem dessa mitologia pode ser datada de 1500 a.C.

- Observe a imagem a seguir e experimente realizar alguns desses *mudras*.

Mudras indianos.

Essa dança indiana clássica é conhecida por sua graça, pureza e poses que lembram esculturas em movimento. Desenvolvida no sul da Índia, calcula-se que remonta há mais de seis mil anos.

Além do *bharatanatyam*, existem muitos outros estilos de danças clássicas indianas, como o *odissi* – uma das danças clássicas indianas mais difundidas no Brasil. As danças clássicas indianas são, na maioria, inspiradas na mitologia e nas lendas populares da Índia, nos deuses e deusas hindus.

- Você percebeu os detalhes dos gestos das mãos das dançarinas indianas nas imagens de abertura deste segundo capítulo?
- Sabia que cada um desses gestos das mãos tem um significado?

Vamos experimentar a criação e a composição coreográfica de esculturas móveis? Você também pode trazer um pouco dos movimentos que experimentou com os mudras indianos!

ANDANÇA
Criando esculturas de movimento!

1. Escolha um lugar no espaço e uma posição para permanecer por alguns minutos. Por exemplo: você pode ficar sentado com os braços apoiados em seu próprio corpo ou acima de sua cabeça.
2. Registre em seu corpo essa postura.
3. Uma segunda pessoa entra e faz uma outra posição em relação a você. Ela pode tocar um ou dois membros do corpo dela em sua mão, em sua perna ou em sua cabeça.
4. Essa segunda pessoa que entra fica parada também.
5. Enquanto isso, a primeira pessoa se retira, com cuidado para não interferir na postura de quem entrou em seguida.
6. A segunda pessoa permanece na posição.
7. A primeira pessoa entra novamente no espaço e volta para a posição que criou no começo.
8. A segunda pessoa se retira e observa de longe com todo o restante do grupo.
9. Em seguida, volta para a mesma posição de quando se retirou.

- Você conseguiu se lembrar do lugar onde estava cada membro de seu corpo na posição que escolheu?
- Foi difícil retornar à posição inicial?
- Você percebeu alguma mudança em seu gesto quando retornou?
- O que você sentiu quando seu colega se retirou da escultura?
- Quando seu colega voltou, qual foi a sensação que ficou em seu corpo?
- Qual estratégia você usou para relembrar sua posição?
- Como foi para você compor uma escultura móvel com outra(s) pessoa(s)?

TRILHA
A dança popular

- Você sabe o que é uma dança popular?

Na imagem, vemos os dançarinos do Balé Popular do Recife, um grupo de dança que foi rebatizado pelo escritor e dramaturgo paraibano Ariano Suassuna, em maio de 1977.

A proposta desse balé é resgatar, por meio de encenações com a dança, o teatro e a música, os festejos e folguedos populares do Nordeste brasileiro. Nas danças brasileiras que eles realizam, os movimentos são aqueles das danças populares da cultura regional e local e sempre têm pequenas variações na forma de realizar os passos. Apesar disso, os integrantes do Balé Popular do Recife têm uma formação técnica e aprimoram o estudo dos passos e movimentos de cada uma das várias danças populares que fazem parte de seu repertório, como o bumba meu boi, o caboclinho e o maracatu.

Apresentação do Balé Popular do Recife. Recife (PE), 2006.

André Madureira é o coreógrafo desse balé desde sua fundação, e tem como propósito levar ao público nacional e internacional as manifestações culturais do Nordeste. O Balé Popular do Recife se apresenta durante o Carnaval de Recife (PE) e, em outras ocasiões, nas ruas e nos teatros, levando e ensinando a dança popular brasileira para todas as idades e classes sociais.

- Você já ouviu falar em **miscigenação**? Sabe que expressões culturais brasileiras foram desenvolvidas a partir do encontro de três diferentes **matrizes culturais**? Você imagina quais são essas culturas?

Glossário

Matrizes culturais: dizemos que a formação da cultura brasileira ocorreu a partir do encontro de três diferentes grupos étnicos: o branco europeu, o negro e os povos indígenas. A formação dessa identidade cultural começou no Período Colonial.

Miscigenação: é o processo gerado a partir da mistura de diferentes etnias humanas.

TRILHA
Dançar no ritmo dos tambores

Muitas das manifestações culturais brasileiras realizadas nas ruas acompanham um ritmo que contagia o público. As pessoas são levadas a dançar, mas não são necessariamente dançarinas profissionais. Muitos desses ritmos têm origem no batuque ou batucada, em que se dança acompanhado por instrumentos de percussão, principalmente de origem africana.

- Você alguma vez presenciou uma dança com tambores?
- Lembra-se de como se chamava a dança e de onde ela vinha?
- Quais são os movimentos que você fez para acompanhar o ritmo da batucada?

Um exemplo vem da Região Norte, do estado do Pará: a dança do siriá, que tem os movimentos inspirados no batuque africano. Como muitas danças, o siriá vem se transformando e sendo influenciada por outras culturas regionais ao longo do tempo.

Segundo pesquisas sobre suas origens, a dança do siriá expressa a gratidão dos indígenas e africanos escravizados por um milagre: a aparição de uma grande quantidade de siris na beira da praia, os quais serviram de alimento depois de um dia exaustivo de trabalho. Como forma de agradecimento, os negros escravizados criaram a dança do siriá, que resgata a memória desse acontecimento, embalada ao som de uma variação dos batuques africanos.

A coreografia do siriá começa com o ritmo lento que vai ficando frenético rapidamente. Os movimentos dos dançarinos lembram os dos siris, pois eles dão dois passos lateralmente para um lado e, em seguida, para o outro.

Siri: crustáceo que inspirou a dança do siriá.

Nos refrãos das canções, os casais que dançam o siriá fazem volteios com os corpos curvados para o lado esquerdo e para o lado direito. É uma dança que acontece o tempo todo em roda. As mulheres andam de costas nos círculos e os homens caminham de frente para elas.

- Você já imaginou como seria uma dança inspirada no movimento de algum animal? Como seriam seus movimentos?

ANDANÇA
Percutir com o corpo em movimento

Vamos experimentar os ritmos **percussivos** em nosso corpo, ouvindo e dançando o ritmo do samba de coco de Pernambuco.

1. Comece em pé, no mesmo lugar, ouvindo a música. Apenas imagine quais os gestos ela inspira.

2. Comece a empurrar seu pé no chão e a flexionar seus joelhos como "molas". Aos poucos, vá entrando no ritmo da música por meio do chacoalhar dos membros de seu corpo. Por exemplo, você pode começar a chacoalhar o quadril, em seguida os seus braços e, depois, a cabeça.

3. Desenvolva esse movimento de chacoalhar pelo espaço da sala, deslocando-se.

4. Identifique as diferentes vozes que aparecem na música.

5. Experimente bater palmas ou seus pés no chão, marcando o ritmo da música.

- O que você sentiu ao explorar os movimentos **percussivos** em seu corpo?

Os movimentos percussivos são gerados pelo centro de força que se localiza em nossa pélvis ou bacia, como vamos ver na seção **Coordenadas** a seguir. O apoio dos pés no chão é importante para fazer com que o movimento continue pulsando por todo o corpo até o topo da cabeça.

Glossário

Percussivo: é o movimento que se realiza por meio de batidas dos pés no chão, batendo-se uma palma na outra ou as palmas em alguma parte do corpo.

Coordenadas

A cintura pélvica e a dança

Observe na imagem abaixo os ossos de nossa pélvis ou bacia.

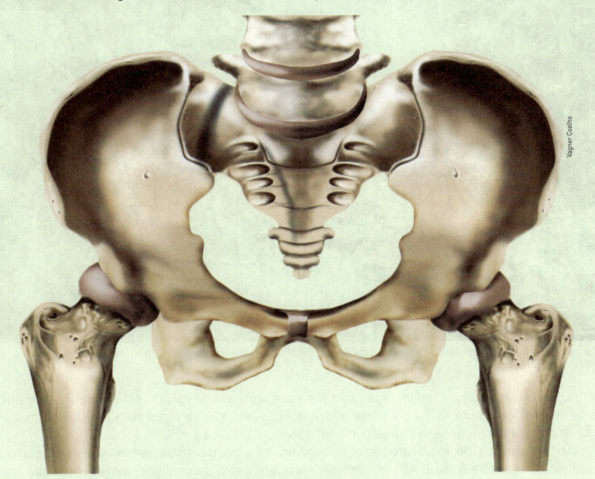

Ossos da pélvis humana. (Ilustração fora de proporção. Cores-fantasia.)

O assoalho pélvico ou bacia tem um formato que lembra uma concha e funciona como um tapete que segura todos os órgãos da parte inferior do corpo, como a bexiga e o intestino. A bacia é também uma base para o movimento dos membros inferiores, ou seja, as pernas. Quando batemos os pés, flexionando os joelhos, fazemos a bacia vibrar. Se escolhermos começar o movimento pela bacia, por exemplo, balançando o quadril de um lado para o outro, todo o nosso tronco vai se mobilizar também. O movimento da bacia influencia o restante do corpo.

- Quantos ossos você é capaz de identificar na imagem acima da cintura pélvica?

A cintura pélvica possui dois ossos que se ligam atrás com o osso do sacro. Os movimentos das pernas e do tronco acompanham os movimentos pélvicos quando dançamos o samba de roda, por exemplo.

Mirante

A miscigenação do maracatu

Apresentação do grupo Leão da Mata Norte na festa do Maracatu Rural, conhecida também por Maracatu de Baque Solto. Nazaré da Mata (PE), 2014.

O maracatu é uma manifestação cultural brasileira que surgiu no estado de Pernambuco em meados do século XVII a partir da miscigenação musical das três culturas que formaram nosso povo: a portuguesa, a indígena e a africana.

Os dançarinos de maracatu se movimentam ao som de instrumentos musicais como a zabumba, o ganzá e o tarol. As coreografias envolvem giros, bamboleios, movimentos que lembram ondas do mar, mas também saltos que se assemelham aos do frevo.

Os participantes representam personagens históricos, que remetem aos reis, embaixadores e rainhas do Congo. Esses personagens eram reais e faziam parte das antigas cortes africanas, muitas delas dizimadas pela escravidão. Por meio da cultura, esses títulos de nobreza e essas raízes foram preservados.

O maracatu vem se transformando, recebendo influências de outros estilos musicais e coreográficos, mas se mantém como um desfile em **cortejo** e tornou-se, ao longo do tempo, um dos grandes atrativos do Carnaval de Recife (PE).

Glossário

Cortejo: é quando, em um grupo, as pessoas seguem umas às outras, caminhando juntas pelas ruas cantando, dançando e tocando instrumentos musicais.

- Quais são os ritmos musicais tocados, cantados e dançados pelas pessoas no lugar onde você vive? Não vale música tocada em aparelhos de som, apenas as músicas que são tocadas ao vivo. Você sabe de onde esses ritmos musicais vieram?

TRILHA
Danças de roda

O samba de roda também é uma dança brasileira que acontece em círculos.

É uma manifestação popular festiva que combina música, dança e poesia, surgida no século XVII na região do Recôncavo, no estado da Bahia. Sua origem está nas danças e tradições culturais dos africanos que foram escravizados e trazidos para essa região.

Samba de Roda Raízes de Acupe. Santo Amaro (BA), 2017.

O samba de roda também contém elementos da cultura portuguesa, como a língua, a poesia e alguns instrumentos musicais. Reúne pessoas em ocasiões específicas, como nas festas católicas populares, nos cultos afro-brasileiros.

O samba de roda é dançado também em rodas de capoeira. Todas as pessoas que se aproximam da roda são incluídas na dança. Mesmo quem não tem experiência em samba pode aprender e participar por observação e imitação.

A pessoa que vai ao centro da roda dança uma coreografia improvisada, movimentando os pés no chão, fazendo um pequeno arrastado ritmado que faz sacudir as pernas e os quadris. Enquanto isso, os dançarinos na borda do círculo cantam e batem palmas.

Agora que você já conheceu algumas danças em roda, vamos experimentar criar uma dança em roda com diferentes ritmos?

ANDANÇA
Criando uma dança de roda

1. Forme uma roda com a turma.
2. Escolham juntos para qual lado da roda irão se deslocar. Vocês podem caminhar lateralmente ou um atrás do outro, como em uma fila.
3. Uma pessoa começa propondo um ritmo, batendo as palmas das mãos, contando "1 e 2, 1 e 2...". A cada contagem dos números, bate-se uma palma e toca-se o chão com os pés.
4. Em seguida, quando o grupo der uma volta completa, troca-se a pessoa que vai propor um novo ritmo. É importante que esse ritmo seja compreendido por todos antes de começarem o movimento.

- Podemos dizer que a dança é uma maneira de construir conhecimento sobre a cultura que vivemos e sobre outras culturas? Por quê?

CONEXÕES
Dança, música e ancestralidade

Os pankararu em ritual do Toré tocando o maracá. Aldeia Brejo dos Padres, Tacaratu (PE), 2014.

- Você já participou de alguma festa ou ritual em que as pessoas dançavam?
- Você já ouviu o som de uma maraca ou maracá?
- Qual é o movimento que o som de um maracá pode inspirar?

Os pankararu pertencem a uma etnia indígena que tem terra própria e reconhecida, localizada no sertão do estado de Pernambuco, próximo ao rio São Francisco. Há, no entanto, alguns indígenas pankararu que vivem em outras localidades do Brasil e não dentro de uma Terra Indígena.

Trajetória

Beth Beli e os ritmos femininos do Ilú Obá de Min

No grupo Ilú Obá de Min, somente mulheres tocam e dançam. Em reverência aos ancestrais africanos, marcam o ritmo de seus movimentos tocando tambores todos os anos, desde 2004, no Carnaval da cidade de São Paulo. O nome do grupo quer dizer "mãos femininas que tocam para o Senhor Xangô" e surgiu de uma de nossas matrizes culturais negras, o **candomblé**.

> **Glossário**
>
> **Candomblé:** é uma religião original da região das atuais Nigéria e Benin, na África. Foi trazida para o Brasil por africanos escravizados e aqui estabelecida. Nela, são evocadas as forças da natureza e dos ancestrais em cerimônias públicas e privadas.

Desfile do bloco afro Ilú Obá de Min. São Paulo, 2017.

Segundo Beth Beli (em entrevista cedida especialmente a este livro), presidente e uma das fundadoras do grupo Ilú Obá de Min, quando ela está regendo um grupo de quase 300 mulheres, ocupando as ruas do centro da cidade paulista com seus tambores, xequerês e agogôs, sente a força desse coletivo. Mas esse grupo, como um grande quebra-cabeça, tem suas "peças" únicas, representadas pelas musicistas e dançarinas, as quais sabem da importância de compor essa grande coreografia. Aliás, para Beth, o trabalho que ela tem realizado desde o início do Ilú está diretamente relacionado a um movimento maior, o da formação não somente de musicistas e dançarinas mas de pessoas capazes de se comprometer com a difusão e atualização da arte e da cultura negra no país.

Beth conta que os ensaios do grupo começam sempre em roda, de modo que todas as integrantes e as regentes possam ser ouvidas e vistas. Todas as decisões do grupo são tomadas coletivamente.

- Você conhece alguma dança apresentada na rua e realizada principalmente por mulheres?

Beth Beli, presidente do bloco Ilú Obá de Min. São Paulo (SP), 2013.

É um grupo que mantém sua cultura preservada por meio da realização do ritual do Toré, uma dança em roda.

A coreografia dançada no Toré é fortemente compassada e ritmada por uma música chamada *Toante*, cantada por apenas um "cantador" ou "cantadora" e que encontra respostas nos gritos do grupo de dançarinos. Esses dançarinos acompanham o ritual batendo os pés no chão e cantando ao som percussivo do maracá, instrumento feito de cabaça ou casca de coco com sementes secas dentro. Os dançarinos usam roupas e máscaras feitas de palha de **ouricuri**, que servem para encobrir a personalidade do dançador.

AMPLIAR
A dança afro no Brasil

O documentário *Balé de pé no chão – A dança afro de Mercedes Baptista* (2005) dirigido por Lilian Solá Santiago e Marianna Monteiro, em uma coprodução com a TV SESC, mostra o percurso de Mercedes Baptista (1921-2014), primeira bailarina negra do corpo de baile do Teatro Municipal do Rio de Janeiro e uma das coreógrafas que fundaram a dança moderna brasileira. O trabalho de Mercedes Baptista contribuiu para que as chamadas danças afro-brasileiras se tornassem reconhecidas.

Além disso, a coreógrafa tornou-se uma importante referência na valorização da cultura brasileira de matriz africana e na luta pela reafirmação do negro como artista.

> **Glossário**
>
> **Caatinga:** é um bioma exclusivamente brasileiro, ou seja, só encontrado no Brasil. O nome "Caatinga" é originário do tupi e significa "mata branca", pois no período da seca a maior parte das plantas perdem as folhas e os troncos das árvores tornam-se esbranquiçados e secos, criando uma paisagem que remete às tonalidades da cor branca.
>
> **Ouricuri:** palmeira nativa do bioma **Caatinga**. As fibras da folha dessa palmeira são utilizadas como matéria-prima para a confecção de chapéus e outros objetos artesanais.

Cena de *Balé de pé no chão* (2005), documentário de Lilian Solá Santiago e Marianna Monteiro sobre Mercedes Baptista, precursora da dança afro-brasileira.

Chegada

Lembrando o caminho

Na caminhada desta unidade, entramos em contato com danças realizadas em grupo, danças em roda e as memórias de danças que trazemos em nós, desde pequenos.

Você experimentou, de diversas maneiras, movimentos em grupo e pequenas danças de improviso, criando e percebendo formas, a composição coreográfica, o pulso, o ritmo e a relação com instrumentos e com a música.

Agora, vamos experimentar todos esses elementos juntos em um jogo que envolve a dança e a cena?

1. Defina com um giz, fita colante ou com os sapatos um espaço retangular para explorar o movimento.

2. Você irá se deslocar com o seu movimento de uma ponta a outra desse espaço retangular, como se fosse atravessar o palco de um teatro.

3. Então, no momento em que você entra com seu corpo no retângulo, já está sendo assistido pelo público.

4. O professor vai colocar uma música que toque nota por nota de um piano ou um instrumento de percussão. Inicie o movimento no ritmo proposto pela música.

5. Crie um movimento para cada toque do piano ou batida. Lembre-se de que a ideia desse jogo é você atravessar o espaço da cena até o outro lado.

6. A cada novo movimento, repare na forma como você o executa e como o seu corpo se organiza.

7. Você pode mover um membro de seu corpo a cada toque do instrumento. Esteja consciente sobre qual é o caminho do movimento que você escolhe.

8. Quando chegar até a outra ponta do retângulo, experimente, no silêncio, fazer todo o trajeto de volta em um tempo mais curto, como se estivesse "voltando o filme".

9. Você lembra qual foi o desenho realizado no espaço? Quais movimentos você fez durante o trajeto?

Você conheceu algumas possibilidades de composição coreográfica no corpo e com outras pessoas.

- Qual dos movimentos que você descobriu ao longo desta unidade que mais marcou a sua memória corporal, ou seja, que o seu corpo sabe agora como realizar?
- Você gostou de compor uma dança ou um movimento com outras pessoas?
- Quais foram as dificuldades? E o que foi fácil de fazer?
- Sobre as formas de dança que foram mostradas, quais você não conhecia?
- Sobre o estudo da anatomia do corpo, o que chamou a sua atenção?

UNIDADE 4
MÚSICA

Detalhe de instrumento em orquestra tailandesa composta de cinco grupos de madeira e percussão.

Músico de rua peruano. Rússia, 2009.

Partida

Observe as imagens.

1. O que elas significam para você?

2. O que elas têm em comum? E o que elas têm de diferente?

Muitas músicas!

Plateia em apresentação. Teatro Amazonas. Manaus (AM), 2015.

A sanfonástica mulher-lona (Lívia Mattos). São Paulo (SP), 2016.

São muitas as formas de fazer e ouvir música – seja em um teatro ou na rua, feita individualmente ou em grupo, todas são importantes.

No 6º ano, você aprendeu a fazer música com o seu corpo, de diversas formas, escolhendo sons e sendo o protagonista da sua música. Neste ano, você aprenderá a ouvir e conhecer músicas diferentes, de grupos diversos e de outras sociedades, além de compreender a importância de conviver e respeitar todas as formas de arte e cultura.

CAPÍTULO 1

Música para quem?

A música está em toda parte e todas as pessoas têm acesso a ela. São inúmeras as formas de tocar, de cantar e de compor, e cada uma delas está intimamente ligada às pessoas e às comunidades: cada lugar, cada grupo e até cada família pode ter uma tradição musical diferente.

Apresentação de maracatu rural. Aliança (PE), 2015.

Maestro Josoé Polia em apresentação da Filarmônica Afro-Brasileira (Filafro). São Paulo (SP), 2018.

Observe as imagens.

- Quais são as semelhanças e as diferenças nessas apresentações de música?
- Para você, qual é o som dos instrumentos que aparecem nas imagens?
- Você já assistiu a alguma dessas apresentações?

A primeira imagem mostra músicos tocando em uma manifestação popular. A segunda mostra músicos tocando em uma orquestra. Repare na diferença entre as roupas dos músicos – seus trajes também fazem parte de suas apresentações.

Agora, observe a foto a seguir.

- Qual música você imagina que a cantora está cantando?
- Quem seriam os espectadores desse *show*?

Patrícia Bastos, cantora nascida no Amapá, em apresentação durante a Virada Cultural de São Paulo. São Paulo (SP), 2016.

As imagens mostram diferentes modos de produzir e apreciar formas musicais. Todas elas são igualmente importantes na cultura musical de um país.

CAMINHOS
Construindo a música juntos

Cantar e tocar, mas também ouvir e apreciar são ações conjuntas que fazem parte da *performance* musical. A música é de todos! Imagine o *show* de uma grande cantora ou um grande cantor, qualquer um que você goste. Agora, pense nesse mesmo cantor(a) cantando para uma plateia... vazia!

- Como você se sentiria nessa situação se fosse o artista que está se apresentando?

A cantora paulistana Mônica Salmaso na abertura do POA Jazz Festival. Porto Alegre (RS), 2015.

A música é feita pelos seres humanos para seres humanos – ela ganha o mundo pelo apoio de toda a comunidade, que faz com que a manifestação musical seja compartilhada e que alcance lugares e pessoas que jamais alcançaria sem a força coletiva formada por músicos e ouvintes da música.

Mas a música de um grupo pode significar muito mais que um som bonito e agradável que está sendo tocado para os outros ouvirem – ela pode ser uma forma de afirmação de um grupo.

Observe a imagem a seguir.

- Você saberia dizer por que as musicistas têm pintura facial?

A imagem mostra a Filarmônica Afro-Brasileira, também conhecida como Filafro, orquestra fundada em 1998 que tem sua sede em São Paulo (SP). Formada na sua maioria por jovens afrodescendentes, a orquestra traz e afirma diversos símbolos relacionados às tradições da cultura negra africana e brasileira – seja no próprio repertório musical, nas roupas, seja nas pinturas faciais usadas em algumas apresentações.

Além da função musical, a Filafro cumpre o papel de ser um espaço de representação artística desses jovens, estimulando a diversidade da **música orquestral**. Você conhece a origem dos seus antepassados, isto é, você sabe em que região do Brasil ou do mundo viviam seus parentes mais antigos? Que tipo de música eles deveriam ouvir? Povos de todas as regiões do mundo possuem canções que falam de sua origem, costumes, saberes e visão de mundo. Contar histórias por meio da música, compor versos e melodias, ouvir, aprender e ensinar a tocar instrumentos, dançar e cantar são importantes atividades para que uma comunidade se reconheça, fortalecendo os laços entre seus membros.

> **Glossário**
> **Música orquestral:** é a música executada por uma orquestra.

Pintura facial em musicista da Filarmônica Afro-Brasileira (Filafro), regida pelo maestro Josoé Polia, São Paulo (SP), 2018.

TRILHA
O som e o silêncio

Músicas de todos os tipos são criadas, tocadas, cantadas e dançadas por pessoas das mais diferentes culturas, em todas as partes do mundo. Quais elementos essas manifestações podem ter em comum? Afinal, do que é feita a música? O que são sons? E o que não são sons?

Faça um breve exercício. Feche os olhos, respire, ouça o som que sua respiração faz dentro do seu corpo. Tente identificar os sons que estão a seu redor. Primeiro os mais próximos, no mesmo espaço onde você está. Depois, os que estão um pouco mais distantes. Finalmente, aqueles que estão bem longe.

- Qual é o som mais distante que você consegue perceber? Perceba todos esses sons ao mesmo tempo, criando diferentes camadas de som. Onde está o silêncio no meio disso tudo?

Se você observar bem, a quantidade de sons diferentes é muito grande, mas a quantidade de silêncio que se alterna com os sons, também.

O silêncio faz parte das nossas vidas – e de qualquer atividade musical – tanto quanto os sons, e ambos são fundamentais para que a música aconteça. Para entender o quanto isso é importante, basta você imaginar um mundo no qual não exista silêncio.

- Como seria um mundo sem o silêncio?

As relações entre som e silêncio são tão corriqueiras que fazem parte da nossa vida sem percebermos. Quem chamou a atenção sobre a importância do silêncio foi John Cage (1912-1992), compositor americano ligado a movimentos de **vanguarda** musical. Além de aprofundar o pensamento musical sobre o silêncio, Cage foi um dos que propuseram a utilização de ruídos na música, trabalhando com os sons do cotidiano como matéria-prima para a composição da obra musical.

Ouça novamente os sons ao seu redor, mas, agora, por um tempo determinado. Durante esse tempo, pense nesses sons não mais como ruídos, mas como elementos de uma música.

> **Glossário**
>
> **Instrumentista:** é aquele que toca um instrumento musical.
> **Movimentos:** são trechos musicais completos (com começo, meio e fim) que fazem parte de uma obra musical maior. Por exemplo, as sinfonias – obras para orquestra sinfônica – no geral têm quatro movimentos, isto é, quatro componentes que fazem parte da mesma música.
> **Partitura:** é o meio físico no qual é escrita a notação musical.
> **Performance:** quando falamos em música, é o momento da apresentação musical.
> **Vanguarda:** em artes, relaciona-se com movimentos do início do século XX que promoveram a ruptura com formas antigas e tradicionais de fazer arte, experimentando novas técnicas, elementos e maneiras.

- Depois da experiência, para você qual é a diferença entre ouvir os sons como ruídos e ouvir como sons e elementos musicais?

Foi essa a intenção de John Cage quando criou a obra 4'33", composição em três **movimentos** para ser tocada por qualquer instrumento. Nessa música, o **instrumentista** entra no palco, abre a **partitura** e se guia por um relógio para virar as páginas da mesma. O instrumentista fica sem tocar nada, durante quatro minutos e trinta e três segundos.

Você pode até pensar que a música é sobre o silêncio, mas não! A música é construída com os sons que acontecem na plateia – sendo um exemplo da sua dimensão e importância como parte integrante da música – e no entorno do lugar da *performance*. A cada vez que for tocada, essa obra soará de uma forma completamente diferente.

ANDANÇA
O som e o silêncio

Agora que você conheceu a interação entre sons e silêncio, vamos fazer uma composição musical coletiva com os seus colegas de sala?

1. Em duplas, criem sons com percussão corporal e voz, de acordo com as instruções de seu professor.
2. Depois de ensaiados, coloque-se ao lado da sua dupla em um círculo formado com os alunos da classe. Por sorteio, escolham a dupla que vai começar.
3. Vocês deverão iniciar juntos um movimento de marcha no lugar, batendo os pés alternadamente. Cada batida deve durar aproximadamente um segundo, e vocês precisarão ter bastante controle, pois a tendência é acelerar, o que pode prejudicar o exercício.
4. Quando a marcha estiver estabelecida, o sinal de início será dado pelo professor. A sequência deverá ser tocada até o final, sem interromper a marcha, sendo seguida pela dupla imediatamente ao lado da primeira e assim por diante.
5. A música estará completa quando todas as duplas tiverem executado sua sequência pelo menos duas vezes sem interrupção.

Clareira

A notação musical de John Cage

John Cage sempre buscou desafiar os limites do que chamamos música, realizando experimentos com os componentes que caracterizam a linguagem musical. Observe uma composição de Cage, chamada *Fontana mix*, de 1958, na imagem a seguir.

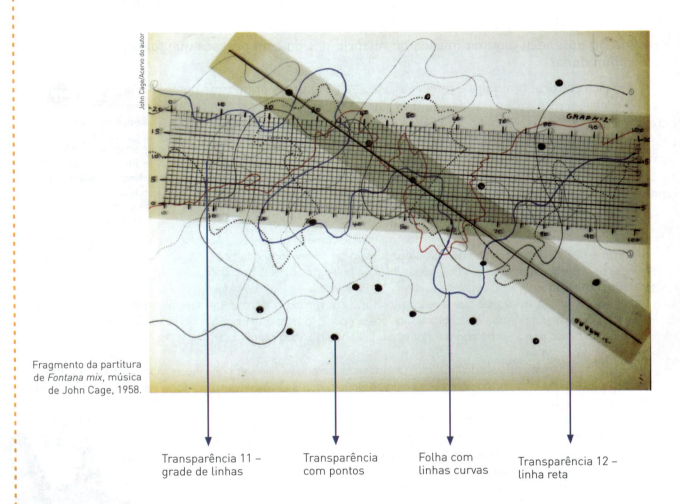

Fragmento da partitura de *Fontana mix*, música de John Cage, 1958.

Transparência 11 – grade de linhas

Transparência com pontos

Folha com linhas curvas

Transparência 12 – linha reta

A partitura dessa música é composta de dez folhas de papel e 12 transparências, organizadas do seguinte modo:
- As folhas de papel contêm desenhos com linhas curvas em diferentes espessuras.
- Das 12 transparências, dez têm pontos distribuídos aleatoriamente sobre sua superfície em quantidades que variam em ordem crescente.
- A transparência 11 tem uma grade de linhas.
- A transparência 12 contém uma linha reta no sentido diagonal.

Ao **sobrepor** essas transparências e depois colocá-las por cima de uma das folhas com as curvas, é criado um guia para que a música seja interpretada. Essa é apenas uma das notações propostas por Cage, que criou muitas outras maneiras de escrever música, usando formas, símbolos e tudo mais que considerasse apropriado para seu propósito.

Glossário
Sobrepor: colocar por cima.

TRILHA
Música e diversidade nas festas tradicionais brasileiras

● Você conhece músicas, poemas ou danças que falam sobre o lugar onde você mora? Que tipo de festa popular acontece na sua região?

As festas e folguedos populares são manifestações tradicionais da cultura, geralmente passadas de geração em geração por meio da oralidade, isto é, de pais e mães para filhos e filhas ou simplesmente das pessoas mais velhas para as mais jovens.

● Você já aprendeu alguma música ou história antiga com pessoas que fazem parte da sua comunidade?

A **herança cultural** brasileira é muito variada, e as diferentes origens da população contribuem para que as festas tradicionais populares sejam ricas em cores, música, dança e muitas outras características que fazem com que elas sejam únicas e originais. Porém, ao mesmo tempo, elas podem ser parecidas com festejos de outros lugares. Esse é o caso do Bumba Meu Boi, festa popular brasileira na qual os participantes, também chamados **brincantes**, tocam, dançam e cantam para representar a seguinte história:

> Em uma fazenda trabalhavam Francisco e Catirina, casal de escravos. Catirina, grávida, certa noite acordou com uma vontade enorme de comer língua de boi. Acordou o marido e disse: "Francisco, acorda! Estou com desejo de comer língua de boi!". Mas Francisco, que não era o dono do boi, falou: "Mulher, fique calma. Nos bois da fazenda não podemos tocar!".

> Porém, Catirina queria porque queria e insistiu durante toda a noite com Francisco, até que ele, sem esperanças de que ela parasse de choramingar, foi ao pasto e matou um boi. Quando ele se deu conta, ficou desesperado, mas já não tinha como voltar atrás. Entregou a língua para sua mulher e ficou com muito medo do que poderia acontecer.

> Depois de um tempo, o administrador da fazenda percebeu que um boizinho havia sumido e perguntou a todos o que tinha acontecido. Pergunta daqui, pergunta dali e, finalmente, a verdade veio à tona: Francisco havia matado o boi.

> O administrador da fazenda foi logo contar para o fazendeiro o ocorrido. Quando soube da notícia, o fazendeiro ficou desolado: ele adorava o boizinho que havia sido morto.

> O fazendeiro não se conformava, chorava pelos cantos por causa do boi e passava horas olhando para os restos do seu animalzinho tão querido. Estava tão inconformado que mandou chamar Francisco e disse: "Dê um jeito de meu boi voltar a viver!".

> Francisco, então, lembrou que alguém havia falado de um pajé com poderes mágicos – quem sabe ele não ressuscitaria o boi?

> Pois o fazendeiro mandou chamar o pajé e, assim que começou a pajelança, o boi começou a se mexer, e cada vez que o pajé cantava, mais o boi se mexia – até que o animalzinho se levantou e veio para perto de seu dono. O fazendeiro ficou tão feliz, mas tão feliz, que mandou preparar uma enorme festa para comemorar!

> **Glossário**
>
> **Brincantes:** são as pessoas que participam das festas tradicionais populares.
>
> **Herança cultural:** é a tradição cultural passada de geração em geração, ou seja, que pertenceu aos avós e foi ensinada aos filhos e netos.

Boneco da festa do Boi de Pindaré, que tem como missão resgatar, preservar e divulgar a cultura popular por meio da dança do Bumba Meu Boi. São Luís (MA), 2016.

Érica Catarina Pontes/Futura Press

Personagem Bernúncia, da tradicional festa Boi-de-Mamão, no distrito de Santo Antônio de Lisboa, em Santa Catarina. Florianópolis (SC), 2011.

Essa é uma manifestação que ocorre em vários lugares do Brasil. A história pode ser contada de outra forma, mas o enredo é o mesmo: um boi é morto e, depois de um tempo, é ressuscitado.

A representação da **narrativa** é feita dançando, tocando instrumentos de percussão e de cordas e contando sobre os acontecimentos por meio de músicas que reúnem vários estilos brasileiros (aboios, toadas, repente, canções pastoris e cantigas). Os personagens são caracterizados com roupas coloridas e bonecos que simulam animais – como o próprio boi, o protagonista da história.

Essa festa é chamada de Bumba Meu Boi em diversos locais do Nordeste, Boi-Bumbá em localidades da Região Norte, Boi-de-Mamão em Santa Catarina, na Região Sul, e diversos outros nomes pelo Brasil. Suas raízes estão nas tradições indígenas, africanas e europeias – a cada região, varia a influência de cada uma delas.

- Você já participou de uma festa desse tipo?

Um exemplo da mistura de tradições está no Bumba Meu Boi do estado do Maranhão, que recebeu em 2011 o título de Patrimônio Cultural do Brasil, dado pelo Instituto do Patrimônio Histórico e Artístico Nacional (Iphan). O título foi dado **nomeando** essa manifestação de "Complexo Cultural do Bumba Meu Boi do Maranhão", justamente pelo grande conjunto de elementos culturais presentes na festa.

> **Glossário**
>
> **Narrativa:** é a história que está sendo contada.
> **Nomear:** dar nome a algo ou a alguém.

125

Coordenadas

Mário de Andrade e a Missão de Pesquisas Folclóricas

- Você conhece alguma festa brasileira que tem personagens como reis, rainhas ou imperadores? Qual?

Festas assim são exemplos de influências estrangeiras na formação de nossa cultura local.

O paulistano Mário de Andrade (1893-1945) foi um intelectual e pesquisador envolvido com inúmeras manifestações artísticas, como poesia, literatura, música e dança.

Mário de Andrade era também musicólogo, isto é, estudava música e manifestações musicais, pesquisando e procurando compreender diversos aspectos da música brasileira. Além de pesquisar manifestações musicais pelo Brasil, foi o idealizador da Missão de Pesquisas Folclóricas, viagem de estudos durante a qual um grupo de pesquisadores percorreu, em 1938, durante seis meses, as regiões Norte e Nordeste anotando, gravando, fotografando e coletando dados sobre festas populares.

Mário de Andrade na biblioteca de sua casa. São Paulo (SP), c. 1940.

A imagem abaixo é de um dos registros captados durante a viagem de Mário de Andrade.

- Você reconhece essa manifestação popular?

Observe a seguir outro registro da Missão Folclórica de Mário de Andrade. Lembre-se de que naquela época (1938) não existiam câmeras digitais e fotografar era um processo que exigia o uso de materiais caros, como filmes fotográficos, agentes químicos e papel fotográfico. Imagine quantos rolos de filmes foram necessários para registrar pesquisas que durariam seis meses!

- Na sua opinião, por que a Missão optou por registrar uma brincadeira de roda?

Bumba Meu Boi. Registro feito durante Missão de Pesquisas Folclóricas. Belém (PA), 1938.

Acervo de Pesquisas Folclóricas/Centro Cultural São Paulo

Dança de roda. Registro feito durante Missão de Pesquisas Folclóricas. Patos (PB), 1938. Registro feito em 7 de abril de 1938, em Patos (PB).

O Boi-de-Mamão catarinense tem o mesmo enredo (a morte e a ressurreição do boi), mas com variações na narrativa: um dos personagens principais é Bernúncia, um animal mágico com uma enorme boca que engole as crianças mal-educadas.

Além de Bernúncia, muitas vezes fazem parte da encenação animais como o corvo, o urso, a raposa e a cabra.

- Você imagina por que na encenação estão presentes esses animais?

Isso acontece porque, apesar da semelhança da narrativa com as festas de boi do resto do país, o Boi-de-Mamão tem forte influência da cultura europeia.

Por se tratar de uma história que está sendo narrada e encenada, o musicólogo Mário de Andrade a definiu como uma dança dramática, assim como diversas danças populares pesquisadas por ele no território brasileiro. Afinal, a festa do boi, além do aspecto musical, traz também modos de dançar, de contar história, de exibir figuras coloridas e ricamente decoradas. Sendo assim, é uma manifestação na qual as artes estão integradas.

ANDANÇA
No passo do compasso

Você se lembra de brincadeiras em que a música se faz presente? Brincar com ritmos, versos e movimentos é um jeito de experimentar e aprender a linguagem da música, e não deve se restringir à infância.

- Você, quando canta ou ouve uma música, costuma bater os pés ou as mãos no ritmo da música?

Agora você vai se colocar novamente em círculo, com seus colegas, da forma como o seu professor orientar. Você e seus colegas vão executar uma série de movimentos em conjunto. Vamos começar?

Inicialmente, observe a imagem:

Perceba que são traços escritos em espaços regulares e que existem traços mais finos e outros mais grossos – e para cada um deles você fará movimentos e sons diferentes.

Quando o exercício começar, no lugar dos traços mais grossos, você deverá bater palma.

Nos traços finos, você deverá criar coletivamente um som que seja menos sonoro do que a palma (lembre-se das qualidades do som, essa colocação tem a ver com intensidade!). Por exemplo, as palmas de suas mãos poderão bater nas de seus colegas vizinhos da direita e da esquerda, da seguinte forma:

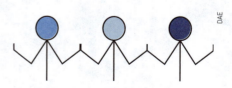

Ouça a música *Depois das palavras*, de Neimar Dias, e perceba a relação entre a imagem dos traços e a música. Depois, inicie o exercício, alternando suas palmas nos traços grossos e o movimento escolhido para os traços finos.

Novamente ouvindo a música, faça o exercício executando os movimentos propostos.

Você sabe como se chama esse bater de pé com que você acompanha a música? Esse é o pulso básico! Ele acontece, na maioria das vezes, de forma regular, nos fazendo sentir a regularidade rítmica da música.

Porém, as palmas alternadas com seus colegas nos dão também uma informação muito importante sobre essa música: o seu compasso. Sabemos, ao ouvir a música com atenção, que os traços fortes da primeira imagem são os tempos fortes do compasso – e, como eles acontecem de quatro em quatro tempos, chamamos esse compasso de **quaternário**.

Agora ouça a música *Baião ambiental*, de Chico Science & Nação Zumbi, observando a imagem e executando os movimentos de palmas:

O intervalo entre os tempos fortes dessa música acontece de dois em dois tempos – e, por isso, esse compasso é denominado **binário**.

- Você diferenciou os pulsos básicos das músicas que escutou? De que forma você os identificou?

Por fim, escute a música *Um canto de trabalho* e faça os movimentos de palmas seguindo a imagem:

Como o intervalo entre os pulsos acontece de três em três tempos, esse compasso é chamado de **ternário**.

- Se o som correspondente às linhas finas deixasse de soar, você conseguiria bater palmas nas linhas grossas no tempo certo?

Retomando: quando a música tem essa característica, dizemos que ela tem uma métrica regular, isto é, o som forte cai sempre no mesmo intervalo de tempo. Esses sons regulares, que estão implícitos na música, são chamados de pulso básico. A alternância **cíclica** de tempos fortes e fracos define o que é conhecido como **compasso**.

Esses são apenas três tipos de compasso, veremos outros nos próximos anos – mas, para não se esquecer disso, ouça as músicas que você costuma ouvir em casa (ou em outros lugares que não a escola) e tente sentir tanto o pulso básico quanto saber qual o tipo de compasso de cada música. Converse com seus amigos, pode ser divertido!

> **Glossário**
>
> **Cíclico:** aquilo que se repete com um intervalo regular de tempo. Por exemplo: as estações do ano são cíclicas, pois acontecem anualmente sempre nos mesmos meses.

TRILHA
Os cantos de trabalho

- Você já desempenhou uma tarefa prática em grupo, como organizar determinado espaço da escola para uma atividade, movendo móveis e objetos de lugar, cuidando de sua decoração ou sinalização?
- Como as diferenças de ritmo entre as pessoas influenciou essa tarefa?

Depois de experimentar os tipos de compassos em grupo, fica mais fácil entender como o ritmo pode ajudar na execução de tarefas em grupo – como acontece com os cantos de trabalho, manifestações populares também abordadas na Missão de Pesquisas Folclóricas de Mário de Andrade.

Cantos de trabalho são músicas cantadas durante atividades coletivas de trabalho, como colheitas feitas nas lavouras, puxadas de redes nas pescarias, atividades de artesanato e muitas mais.

Esses cantos são tradicionais em todas as regiões do país, tanto nas áreas rurais quanto nas grandes cidades, e têm a função de organizar as atividades de trabalho conjuntas, dando uma regularidade aos movimentos – que acompanham a música ritmada –, além de serem ferramentas de solidariedade e de promoverem o fortalecimento e a coesão das comunidades que os praticam.

De acordo com **etnomusicólogo** Edilberto Fonseca, "Produzir o pão, roçar o mato, puxar a rede, amassar a farinha, pilar o milho, quebrar o coco, lavrar a terra, consertar o açude, fazer a casa, limpar a trilha na mata" são atividades **árduas** que podem ser muito aliviadas de seu peso pela prática de cantar durante o trabalho.

Cantar para ajudar no trabalho é um costume praticado no mundo todo, e os primeiros registros de cantos de trabalho foram feitos um pouco depois da invenção do fonógrafo, por Béla Bártok (1881-1945) e Zoltán Kodály (1882-1967), no início do século XX em regiões do Leste Europeu.

Bártok e Kodály percorreram áreas rurais, escrevendo e gravando diversas formas de cantos das pessoas, e uma grande parte dessas músicas era de cantos de trabalho que nunca haviam sido ouvidos em outras regiões. Essa pesquisa deu início à etnomusicologia, a ciência que estuda manifestações musicais de grupos específicos, que podem ter origem rural (como o Bumba Meu Boi) ou **urbana**.

- Você conhece algum canto de trabalho? Pesquise na sua família se alguém conhece e traga para a sala de aula a sua pesquisa.

Cantar é uma atividade que pode ajudar na colheita.

Glossário

Árduo: algo muito difícil e trabalhoso.
Etnomusicólogo: pesquisador e estudioso da música em seu contexto cultural, ou seja, no lugar onde a música é praticada e com as pessoas que a praticam.
Urbana: a palavra "urbe" significa cidade. Dizemos que algo é urbano quando acontece na cidade.

Fonógrafo no início do século XX.

CONEXÕES
Outros cantos: as lavadeiras do Jequitinhonha

O Vale do Rio Jequitinhonha é uma região do estado de Minas Gerais cheia de diversidades e contrastes. Por um lado, a população vive em condições sociais e econômicas muito difíceis; por outro, o patrimônio cultural e as belezas naturais da região fazem com que exista ali um potencial muito grande para o desenvolvimento do turismo e para a manutenção das culturas tradicionais locais.

Nessa região, a tradição de cantar para lavar a roupa no rio é muito antiga e foi preservada pelas mulheres – que passam esse ensinamento para suas filhas e netas por meio da oralidade. Mesmo que a roupa não seja mais lavada no rio, as lavadeiras (como são chamadas as mulheres que lavam roupa) mantêm essa tradição.

Esses cantos de trabalho, que têm tradição indígena, africana e portuguesa, chamaram a atenção dos administradores da cidade de Almenara, em Minas Gerais, que montaram uma lavanderia comunitária em 1991 e incentivaram a criação de um coral, que foi chamado de Coral das Lavadeiras.

A música cantada no rio fazia com que, tradicionalmente, o ato de lavar a roupa fosse ritmado, facilitando os movimentos e compondo uma verdadeira coreografia, como se elas estivessem dançando. Mesmo na lavanderia comunitária, o ritmo da música comanda e organiza a movimentação das mulheres, como se fosse ainda a lavagem da roupa no rio.

Essa tradição é mantida fora do contexto da lavagem de roupa, e as lavadeiras, quando se apresentam, dançam – fazendo alusão aos movimentos usados para lavar as roupas.

As lavadeiras de Almenara seguem a tradição de lavar a roupa e cantar, mantendo viva essa manifestação que faz parte do **patrimônio imaterial** da região.

Glossário

Patrimônio imaterial: refere-se à riqueza que não é material, que não é física, por exemplo: as festas tradicionais populares brasileiras e todas as outras manifestações culturais nacionais.

- Você conhece alguma atividade de trabalho que seja acompanhada por canto?

Neste primeiro capítulo, você relembrou aspectos das qualidades do som e teve uma experiência de escuta com a percepção do pulso básico e de alguns tipos de compasso. Também descobriu que para criar e fazer música com os outros é preciso estar atento e ouvir o que está sendo feito a fim de construir junto uma composição musical.

Lavadeiras de Almenara com Carlos Frias, cantor e coordenador do grupo Vale do Jequitinhonha. Minas Gerais (MG), 2013.

No Capítulo 2, você vai aprofundar um pouco mais seu conhecimento sobre os instrumentos, conhecer algumas formas de tocá-los e ouvir os sons produzidos por eles.

CAPÍTULO 2
Um universo de instrumentos musicais

Observe os instrumentos das imagens.

Pessoa tocando em tambores de plástico e em latas de alumínio.

Músico tocando teorba em festival na França, 2006.

Castanholas.

- Qual desses instrumentos você acha mais familiar? Imagina ou conhece o som que cada um deles produz?

São muitos os instrumentos musicais. A primeira imagem mostra tambores feitos de plástico e latas de alumínio, muito diferentes dos tradicionais (isto é, construídos para serem instrumentos musicais e normalmente tocados tanto na música popular quanto na música de orquestra). Esses tambores podem ser chamados de instrumentos não convencionais, porque são construídos com objetos do cotidiano.

A segunda imagem mostra uma teorba e a terceira, duas castanholas.

- Você conhece esses instrumentos musicais?
- Converse com seus colegas: Quais instrumentos vocês conhecem? Algum de vocês toca um instrumento? Qual?

CAMINHOS
Conhecendo os instrumentos musicais

Instrumentos musicais convencionais são objetos feitos especificamente para serem tocados, isto é, para produzirem música. Por exemplo, as castanholas (terceira imagem da abertura do capítulo): são instrumentos de percussão feitos de madeira, usados aos pares e de diversas maneiras em música, mas particularmente em um dos gêneros da música (e dança) popular tradicional espanhola, o flamenco. Observe as castanholas (uma em cada mão) tocadas pela bailarina e ouça seu som.

Já a teorba é um instrumento de **cordas dedilhadas**, parecido com o violão e usado, normalmente, para tocar a música que foi escrita nos séculos XVI e XVII. Assim como a forma de se vestir mudou no decorrer das décadas, a forma de fazer música também mudou e, por isso, a música feita nesses séculos costuma ser chamada de música antiga e os instrumentos daquela época, de instrumentos antigos. Isso não significa que ela não é mais tocada – ao contrário, existem diversos grupos no mundo que são especializados em tocar música antiga, como o Hespèrion XXI, grupo **catalão** fundado em 1974 e liderado pelo músico Jordi Savall. Observe os diferentes formatos dos instrumentos antigos na imagem a seguir:

> **Glossário**
> **Catalão:** língua, pessoas e aspectos culturais da Catalunha, comunidade autônoma localizada na Espanha.
> **Cordas dedilhadas:** cordas tocadas com os dedos.

Bailarina de flamenco tocando castanholas.

Instrumentos antigos tocados pelo grupo catalão Hespèrion XXI, na cidade de Manresa, na Catalunha. Espanha, 2004.

134

TRILHA
Famílias dos instrumentos

Os objetos musicais podem ser divididos de acordo com o modo como emitem o som – e esses grupos são chamados de famílias.

A família das cordas é formada por instrumentos que têm cordas que, ao serem vibradas, emitem o som. Os instrumentos dessa família também são chamados de cordofones e são divididos assim:

> **Glossário**
> **Solista:** músico extremamente especializado no seu instrumento.

Cordas dedilhadas

Alguns instrumentos:
- Violão
- Viola
- Guitarra
- Contrabaixo elétrico
- Bandolim

Cordas friccionadas por arco

Alguns instrumentos:
- Violino
- Viola
- Violoncelo
- Contrabaixo

O carioca Waldir Azevedo (1923-1980) tocando cavaquinho.

Antônio Menezes, **solista** pernambucano, tocando violoncelo.

O arco é uma estrutura feita de madeira, com um feixe de pelos de cavalo (crina) esticados e presos às suas extremidades. Para fazê-lo, é necessário que a crina seja bem comprida, e é a crina dos cavalos das regiões mais frias do planeta a mais usada para essa finalidade, uma vez que é mais grossa e firme.

A rabeca é um instrumento semelhante ao violino, e é encontrada em todo o território brasileiro.

 Ouça o som da rabeca e do violino.

Rabequista da Baía dos Pinheiros, no litoral paranaense. Guaraqueçaba (PR), 2010.

O arco.

135

- Você acha que são parecidos? Se não, como você explicaria as diferenças?

Instrumentos de sopro são chamados também de aerofones, pois o som é produzido quando o ar passa por dentro do corpo do instrumento, gerando os sons musicais. Na família dos sopros, temos menos divisões – mas não menos instrumentos! Eles podem ser agrupados da seguinte maneira:

Instrumentos de metal

São instrumentos cujo som é produzido quando o ar passa pelo corpo dele, que é de metal.

Alguns instrumentos
- Trompete
- Trombone
- Tuba
- Trompa

Trompa.

Instrumentos de madeira

Já os instrumentos de madeira são aqueles cujo corpo, originalmente, é de madeira.

Esse é o caso de alguns tipos de flauta, uma vez que atualmente quase todas são de metal.

Alguns instrumentos
- Flauta
- Oboé
- Clarinete
- Fagote

 **Saxofone**

Apesar de o corpo do saxofone ser de metal, pelas características sonoras do instrumento, ele faz parte da família das madeiras.

Mulher tocando saxofone.

Clarone (um clarinete mais grave).

Pessoa tocando fagote.

Já a família dos instrumentos de percussão é enorme, e as subdivisões de classificação são ainda mais complexas.

Instrumentos de altura indefinida

São instrumentos que produzem notas que não têm definição de altura. Para compreender o que isso significa, lembre-se das qualidades do som!

Alguns instrumentos
- Tambores
- Caixas
- Agogôs
- Castanholas
- Reco-recos

O triângulo também pode ser classificado como um idiofone, isto é, são instrumentos nos quais o som é produzido no próprio corpo do instrumento.

O triângulo é um instrumento tradicional nos conjuntos de **forró**, assim como a zabumba, instrumento de percussão, e a sanfona – ou acordeon. O som da sanfona é produzido pela passagem de ar por dentro do instrumento, o que faz com que ela seja um aerofone, ao mesmo tempo que é um instrumento de teclado.

Glossário

Forró: gênero de música tradicionalmente nordestino.

O pandeirão é um instrumento de percussão que os músicos colocam próximo ao fogo para afiná-lo.

Tambores africanos.

Triângulo de percussão.

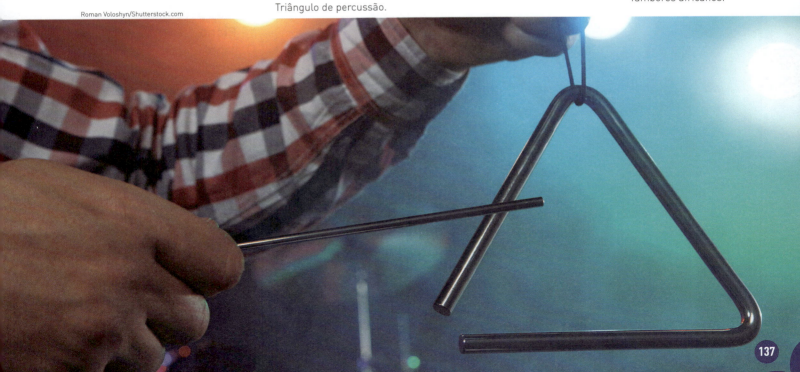

137

Instrumentos de altura definida

Alguns instrumentos:
- Vibrafone
- Marimba
- Xilofone

Teclados percutidos

Teclados percutidos são também classificados como idiofones. Nem todos os teclados percutidos têm notas definidas – mas todos são idiofones.

Vibrafone.

 áudio

Membranofones
- **Tímpano**

Os tímpanos são instrumentos que também podem ser classificados como membranofones, pois o som é produzido ao bater na pele (membrana) com uma baqueta.

Todos os tipos de tambor são membranofones, mas apenas alguns – como o tímpano – têm a altura definida, isto é, são afinados em notas musicais.

Tímpanos de vários tamanhos. Cada tamanho determina se o instrumento produz notas mais graves ou agudas – ou seja, o tamanho determina a qualidade do som que chamamos de altura.

Cordas percutidas
- **Piano**

O piano, apesar de seu som ser produzido por cordas (e, por isso, ser um cordofone), também pode fazer parte da família da percussão – porque as cordas são percutidas, ou seja, batidas com pequenos martelos para produzir o som.

A cantora e compositora Nina Simone tocando piano, 1950.

Berimbau de boca. Diferente do berimbau usado na capoeira, que usa uma cabaça para amplificar o som da corda, o berimbau de boca usa a boca como amplificador de som.

Arco musical
- Berimbau
- Berimbau de boca

O arco musical é um instrumento cujo som é produzido ao vibrar uma corda esticada entre as duas pontas de uma madeira, seja batendo ou friccionando.

Esses são apenas alguns exemplos, pois existem muitos mais!

- Quais desses instrumentos você já conhecia? Conhece ainda outros? Quais?

ANDANÇA
Que instrumento é esse?

Agora você vai reunir um pouco do que conheceu até agora.

Com seus colegas, faça uma lista de instrumentos que vocês não conhecem. Essa lista deverá ter, no máximo, dez instrumentos – escolham quais farão parte da lista.

Depois, façam uma nova lista de instrumentos, de acordo com as indicações do professor, mas mantenham a nova lista em segredo! Seu grupo deverá, então, fazer uma pesquisa sobre esses instrumentos, preenchendo uma ficha com diversas informações, semelhante à da imagem a seguir.

Nome do instrumento	* * * * * * * * * * * * * * * * * * * *
Família (à qual pertence)	* * * * * * * * * * * * * * * * * * * *
Material utilizado (na sua construção)	* * * * * * * * * * * * * * * * * * * *
Possíveis origens	* * * * * * * * * * * * * * * * * * * *
Descrição do som (de acordo com as qualidades do som)	* * * * * * * * * * * * * * * * * * * *

139

Agora, com as fichas preenchidas, vocês vão escolher sons vocais e corporais que considerem que representam o som dos instrumentos escolhidos. Cada participante será responsável por recriar o som de um instrumento. Lembrem-se: não é para contar para ninguém os instrumentos escolhidos.

Muito bem, vamos elaborar a apresentação. Inicialmente, escolham um tipo de compasso (veja no Capítulo 1 os compassos estudados), escolhendo também quanto tempo cada um vai tocar, respeitando cada ciclo entre um tempo forte e outro. Depois, elaborem uma partitura contendo todas as informações da apresentação, que pode ser conforme o exemplo a seguir:

Compasso quaternário

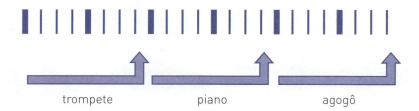

É preciso ensaiar muito bem suas entradas, isto é, não deixar a música parar – da mesma forma que foi feito anteriormente, na atividade sobre o compasso. Preparem-se bem para a apresentação, escolham uma forma de começar, pensem nos detalhes necessários – mas não deixem que os outros percebam quais instrumentos vocês escolheram.

Façam a apresentação de acordo com as indicações de seu professor. Depois de cada apresentação, os alunos que estão na roda deverão adivinhar quais instrumentos foram representados pelo grupo.

- Você gostou da apresentação do seu grupo? Você conseguiu se expressar como gostaria? Converse com seu grupo, reflitam sobre a apresentação juntos. O que poderia ser melhor?

TRILHA
A música e as mulheres

A diversidade não acontece apenas entre os instrumentos ou entre os diferentes gêneros musicais. Ela também pode acontecer entre as pessoas envolvidas com um contexto musical. Observe a imagem.

Big band feminina Jazzmin's apresentando-se no projeto Instrumental Sesc Brasil, no Teatro Anchieta do Sesc Consolação. São Paulo (SP), 2018.

Mulheres africanas tocando bongôs africanos. O bongô é o tambor mais usado na África do Sul, 2014.

São três tambores sendo tocados, com baquetas, por três mulheres.

● **Você conhece um grupo musical que seja formado só por mulheres?**

Da mesma forma que vimos no Capítulo 1, quando falamos da Filarmônica Afro-Brasileira, grupos formados apenas por mulheres têm a mesma função: cumprem o papel de representar artisticamente o gênero feminino, criando espaços de diversidade em ambientes historicamente ocupados apenas por homens.

A **big band** Jazzmin's é um desses grupos, formado a partir da percepção de que faltam espaços para as mulheres no universo das *big bands* que tocam música popular brasileira e *jazz*, um gênero (estilo) de música que tem origem nos Estados Unidos, mas que é tocado em todo o mundo. Além disso, a banda conta com instrumentos que não são muito comuns nas formações desse gênero, como a marimba e a trompa. É composta somente de mulheres que, por serem de diferentes gerações, criam um espaço para a expressão de linguagens musicais de todas as idades.

Glossário

Big band: é um grupo musical formado por instrumentos de sopro, percussão e algumas cordas (baixo e guitarra).

Coordenadas

Muitas marimbas pelo mundo afora!

Você já experimentou bater com a mão fechada em diferentes superfícies de madeira? Tente se lembrar dos sons que já extraiu desse material em diferentes momentos. Por exemplo, ao bater em uma porta, esperando que alguém abra. Tente se lembrar de diferentes sons que já ouviu, batendo em diferentes portas. Cada porta tem o seu som, que varia de acordo com diversos fatores, como as dimensões, o material de que é feita, o revestimento etc. Acontece o mesmo com os instrumentos: forma, textura e densidade dos materiais influenciam diretamente sua sonoridade. Vejamos a marimba como exemplo.

A marimba, como já foi dito, é um idiofone, composto de teclas de madeira que são, geralmente, percutidas por baquetas – mas podem, também, ser percutidas pelas mãos.

Existem marimbas em diversos lugares do mundo, e não há um consenso sobre a origem do instrumento – existem pesquisas que afirmam que sua origem é africana e outras que consideram que instrumentos semelhantes se desenvolveram paralelamente nas Américas e no continente africano.

Observe nas imagens que, embaixo das teclas, existem cabaças de diversas formas e tamanhos. Elas servem para fazer com que o som da tecla, ao ser percutida, ressoe com mais intensidade. A ideia é a mesma da cabaça do berimbau ou da boca, no caso do berimbau de boca.

Marimba de orquestra sendo tocada com baquetas.

Marimba de arco: instrumento feito de madeira e cabaça, 2015.

Homem maia tocando marimba em Chichicastenango, Guatemala, 2011.

Balafon tocado em Burkina Faso, no continente africano, 1914.

Marimba de vidro construída por Leandro César, músico e construtor de instrumentos.

A marimba é feita geralmente de madeira, mas existem instrumentos feitos de outros materiais, como a marimba de vidro, desenvolvida pelo músico e pesquisador mineiro Marco Antônio Guimarães, um dos idealizadores do grupo Uakti.

Observe os diversos formatos que aparecem nas imagens das marimbas. Apesar de muito diferentes entre si, são o mesmo instrumento – pois têm as mesmas características de material usado e de construção, com exceção da marimba de vidro. Porém, o som de cada uma é muito particular: ouça duas dessas marimbas e tente adivinhar quais são elas!

Mirante

Música interestelar: a cápsula espacial Voyager

Em 1977, a National Aeronautics and Space Administration (Nasa) – em português, significa Administração Nacional do Espaço e da Aeronáutica – lançou no espaço duas cápsulas espaciais, com o objetivo de investigar o espaço sideral, em uma viagem apenas de ida.

Cruzando as fronteiras do sistema solar e adentrando a nossa galáxia, essas cápsulas permitiram observar pela primeira vez inúmeras características dos planetas mais distantes do nosso sistema, como vulcões ativos na lua de Júpiter e detalhes dos anéis de Saturno.

Dentro dessas cápsulas foram colocadas diversas informações sobre nosso planeta, gravadas em dois discos de cobre banhado a ouro, que foram chamados de *golden records*. O idealizador desse projeto foi Carl Sagan (1934-1996), cientista e astrônomo norte-americano.

Entre as informações gravadas nos discos estão diversos sons da natureza, como barulhos do vento, apitos de trens, chuva caindo e sons feitos por diversos animais, com o objetivo de exemplificar – caso as cápsulas fossem interceptadas por civilizações distantes – como é a vida na Terra.

Além desses sons, foram gravadas saudações em 55 línguas diferentes, uma delas em português. Com o objetivo de registrar a cultura sonora humana, foram incluídas 27 músicas de compositores de diversas épocas, músicas populares tradicionais de vários países e jazz americano.

As cápsulas espaciais talvez não sejam nunca encontradas por outras civilizações, mas são um material interessante, isto é, trazem informações de uma época, especialmente escolhidas para serem encontradas no futuro.

Foto do planeta Saturno feita pela cápsula Voyager na década de 1980.

- Se você fosse selecionar sons que representem o seu mundo, quais sons escolheria?

Ouça uma das músicas de J. S. Bach que estão gravadas nos discos de ouro. Bach nasceu em 1685 na Turíngia, hoje território alemão. É uma música instrumental.

- Depois de ter estudado diversos instrumentos musicais, você sabe para quais instrumentos essa música foi composta?
- Para você, em relação a outras músicas, essa foi igual ou diferente de escutar? Você gostou dessa música? Por quê?

Capa e disco dos *golden records*, levados a bordo das naves espaciais Voyager 1 e 2. Os discos contêm sons naturais da Terra e uma coletânea musical com obras de diferentes épocas e culturas.

144

AMPLIAR
Um olhar sobre a música indígena

Você conhece música indígena? A cultura e a música indígenas têm sido cada vez mais estudadas e trazidas para a sala de aula para que todos possam conhecer e respeitar essas manifestações, que são as mais tradicionais do país.

O livro *A floresta canta! Uma expedição sonora por terras indígenas do Brasil*, de Berenice de Almeida e Magda Pucci, lançado em 2015, tem a proposta de trazer um pouco do cotidiano musical indígena e, para isso, foi escrito como um diário de viagem.

No livro, o leitor pode acompanhar todos os detalhes dos lugares visitados, por meio de fotos e mapas, e também de cada grupo indígena, com descrições e comentários sobre hábitos e costumes culturais de cada um deles, além de gravações disponíveis no material interativo.

Foram visitadas comunidades das etnias yudjá, no Parque Nacional do Xingu, os xavantes de Mato Grosso, os paiter-surui de Rondônia, os ikolen-gavião e os kambeba, do Amazonas, em pesquisa realizada em 2011, na turnê do grupo paulistano Mawaca, do qual a autora Magda Pucci é diretora musical.

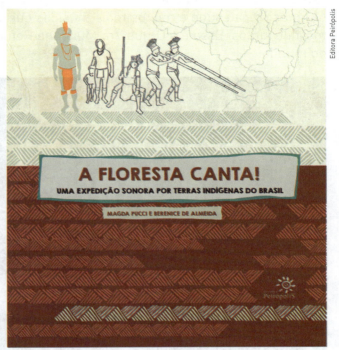

Capa do livro *A floresta canta!*

- Você conhece ou faz parte de alguma comunidade indígena? Como você percebe a cultura, a arte e a música indígenas?

Show dos grupos Mawaca e Ikolen Gavião, 2010.

Clareira

Diversidade e cidadania: o mundo em uma só orquestra

Até aqui, você conheceu uma pluralidade de sons e de elementos que compõem a música. Agora vamos abordar um exemplo de convivência entre diferentes, que, juntos, realizam um verdadeiro diálogo entre culturas. Imagine uma iraniana, uma cantora da Guiné-Conacri, dois cantores congoleses, um músico palestino e muitos mais músicos que vieram de outros países – e também brasileiros – tocando juntos. Essa é a Orquestra Mundana Refugi, composta de 21 integrantes de diversas partes do mundo.

Apresentação da Orquestra Mundana Refugi, 2018.

A palavra "mundana" (usada no nome da orquestra) se refere ao mundo físico e tem origem na palavra em latim *mundanus*, cuja tradução é "pertencente ao mundo". Já a palavra *refugi* em catalão significa "refugiado". Junte as duas palavras e você entenderá o nome dessa orquestra, pois ela abriga refugiados de diversas partes do planeta, possibilitando que eles pratiquem não só a musicalidade de seus países de origem mas também o convívio com a diversidade e a tolerância.

Glossário

Cidadania: é o conjunto de direitos e deveres de pessoas que integram uma nação.

O refugiado é alguém que, por alguma circunstância externa à sua vontade – como situações de guerra, fome extrema e perda dos direitos e condições básicas de **cidadania** –, é obrigado a deixar seu país de origem e viver em outro lugar.

Na maioria das vezes, os refugiados abandonam suas casas e fogem para países que os acolhem, mas nem sempre eles falam a língua do lugar ou têm costumes parecidos. Isso causa situações muito difíceis no processo de adaptação dessas pessoas, que já estão bastante fragilizadas por terem deixado sua vida para trás.

A Orquestra Mundana Refugi surgiu da ideia de que a música pode ser uma poderosa ferramenta de inserção social para imigrantes e refugiados, acreditando que a linguagem musical pode ultrapassar diferenças culturais, sociais, econômicas e de todos os tipos.

- Você sabe o que é um refugiado? Conhece alguém nessa situação?

Chegada

Um mural de música

Chegamos ao final desta unidade!

Neste ano você aprendeu mais sobre os instrumentos musicais, conheceu algumas manifestações da cultura popular tradicional e grupos musicais que trabalham com a diversidade e a cidadania e explorou alguns tipos de compasso.

A proposta, agora, é fazer um grande mural musical com tudo que você conheceu.

Pegue uma folha de papel e faça um rascunho, refletindo sobre o que conheceu, e indique as três coisas que foram mais importantes para você, que mais chamaram a sua atenção. Em outra folha de papel, faça o mesmo tipo de rascunho, mas, para esse segundo rascunho, você deverá pensar no que foi mais difícil de fazer, em música, nesse ano que passou.

Com esses dois planejamentos, crie – de acordo com as indicações de seu professor – dois retratos do que foi o seu ano de estudo em música. Essas duas composições farão parte de um grande mural com criações de toda a classe!

Observe a criação coletiva de sua classe: ela representa as facilidades e as dificuldades do estudo de música nesse ano. Conversem, buscando refletir sobre o que foi mais fácil e o que foi mais difícil.

Para criar, é importante exercitar a imaginação!

Autoavaliação

Nesta unidade, você relembrou e aprendeu a pesquisar sons na sua voz, no seu corpo e em instrumentos que podem ser musicais, de acordo com o que você quer ou imagina para construir a sua música.

- Você conseguiu perceber os tipos diferentes de compasso? Como foi essa experiência para você?
- Você teve dificuldade de ouvir as músicas que são somente instrumentais? Como você se sentiu?
- Você considera importante que grupos musicais tenham representatividade na sociedade atual? Por quê?
- O que você conheceu de música que ainda não sabia?

ARTES INTEGRADAS

Dança e canto tradicional do carimbó. Santarém (PA), 2017.

Ferramentas para a produção de uma viola de cocho, instrumento muito usado nas danças cururu e siriri. Nobres (MT), 2013.

Partida

Vamos abordar agora a riqueza de nossa cultura popular em diferentes tradições presentes em cada região do país.

São ritmos, formas, cores, movimentos e gestos que refletem a identidade de nossas matrizes culturais, criando espetáculos que transcendem barreiras do tempo e permanecem vivas.

Somos muitos

Apresentação de Fandango do Mestre Romão. Paranaguá (PR), 2010.

Apresentação de cavalo-marinho. Recife (PE), 2016.

No Brasil, além das festas populares, muitas vezes ligadas a matrizes religiosas, há uma série de festejos que apresentam danças e ritmos bem específicos.

1 Você e sua família têm o hábito de participar dessas festividades?

Veremos algumas aqui para pensar e criar a partir do universo do patrimônio imaterial de sua região.

149

Dançando pelo Brasil
Norte: Carimbó – Pará

Apresentação do grupo Cumaru de Carimbó. Santarém (PA), 2017.

O carimbó é uma dança tradicional e muito importante para o estado do Pará. Os movimentos acontecem com os pares em roda, e as mulheres usam saias rodadas, floridas e coloridas. Origina-se da mistura das culturas indígena, africana e portuguesa. Carimbó vem da palavra "curimbó", que é um instrumento usado nesse ritmo, uma espécie de tambor escavado em um tronco e coberto com pele de animal.

Na língua tupi, *korimbó* é a junção de *curi* (pau oco) e *m'bo* (escavado) e significa *madeira que produz som*. Além dos tambores, há outros instrumentos presentes: maracas, pandeiros, reco-recos e instrumentos de sopro, com variações em cada região.

A música é bem ritmada e marcada, e a dança tem coreografias circulares e em linha, com aproximações entre os pares e movimentos mais livres, mas sempre bastante marcados. Há momentos em que um casal ou uma dançarina vai para o centro da roda, fazendo brincadeiras de desafio com outros participantes. Recentemente, algumas formações trazem também a presença de outros instrumentos, como guitarras, em um contraponto às formações tradicionais.

Centro-Oeste: Cururu e Siriri – Mato Grosso, Mato Grosso do Sul e Goiás

Encontramos, na Região Centro-Oeste, duas manifestações bastante tradicionais: o cururu e o siriri. Passadas de geração em geração, são mais comuns nas comunidades ribeirinhas, ou seja, entre pessoas que moram nas margens do rio.

Dançado apenas por homens, no cururu forma-se uma espécie de roda, em que eles levam seus instrumentos, cantam e dançam com passos marcados, com liberdade para criar com o corpo a partir dos passos-base. Os participantes entoam as *carreiras*, ou seja, versos com temas religiosos ou *toadas*, com temas variados, em uma espécie de desafio.

O siriri pode ser cantado e dançado por homens, mulheres e crianças. Sua formação acontece em linha ou roda, muitas vezes com os dançarinos batendo os pés descalços no chão e as palmas. As duas danças têm origem e forte influência indígena e usam um instrumento muito característico da região pantaneira: a viola de cocho.

Feita artesanalmente, ela tem esse nome porque é escavada em um tronco inteiriço e, antes de receber o tampo, lembra um *cocho*, nome dado ao comedouro de animais nas fazendas, que é também escavado na madeira. Sua origem mistura elementos indígenas – no modo como é construída – e ibéricos, com formato e sons que remetem ao alaúde.

Cururueiros no Festival Cururu e Siriri. Cuiabá (MT), 2013.

Grupo de dança se apresenta durante Festival de Cururu e Siriri. Cuiabá (MT), 2013.

Sul: Fandango caiçara – Paraná

O fandango caiçara pode ser encontrado no sul do estado de São Paulo e no norte do Paraná, nas regiões litorâneas. É uma expressão cultural que envolve dança, música e poesia, e é parte importante da cultura caiçara da região. Em sua origem, a dança foi trazida pelos portugueses açorianos e foi sofrendo transformações até chegar à forma que encontramos hoje, bastante ligada à vida rural. Geralmente, a música conta com violas, rabeca e uma espécie de pandeiro chamado *adufo*. Os participantes dançam em filas ou roda, e os homens calçam tamancos de madeira para sapatear e marcar bem os passos.

Há várias coreografias que integram essa dança, algumas mais "bailadas" e outras mais marcadas pelo ritmo forte dos pés. Essa dança sempre esteve presente em momentos importantes para as comunidades, como colheitas, casamentos e outros eventos coletivos. Passado de geração a geração, o fandango foi considerado patrimônio imaterial pelo Instituto do Patrimônio Histórico e Artístico Nacional (Iphan).

Apresentação de Fandango do Mestre Romão. Paranaguá (PR), 2010.

Nordeste: Cavalo-Marinho – Pernambuco

O cavalo-marinho é uma dança típica da região da Zona da Mata de Pernambuco e da Paraíba, com origem na brincadeira dos negros escravizados que trabalhavam nos canaviais. É uma mistura de dança, teatro e música, uma grande encenação que envolve toda a comunidade. Esse festejo conta uma história que envolve animais, humanos e seres fantásticos. Nela, os personagens Mateus e Bastião disputam o amor de Catirina.

Há outros personagens que geralmente se repetem nessa encenação, como o Capitão Marinho (que coordena a festa), o Boi e o Cavalo. No total, são mais de 70 personagens entrando e saindo de cena, intercalando versos com música e dança, com humor e animação.

Manifestação cultural do cavalo-marinho. Olinda (PE), 2009.

Os festejos duram horas e terminam com a morte e a ressurreição do Boi. Durante a dramatização, os músicos ficam sentados e o lugar que ocupam fica conhecido como *banco*.

Os principais instrumentos usados são violas, ganzás, pandeiros e reco-recos. A partir do banco, cria-se um círculo que convida as pessoas a participarem e acompanharem a brincadeira. Os personagens vão aparecendo e saindo conforme a história se desenrola a partir das "toadas" cantadas ao longo do festejo.

Sudeste: Jongo – São Paulo, Rio de Janeiro e Minas Gerais

O jongo é uma manifestação cultural que também foi reconhecida como patrimônio imaterial pelo Iphan. Sua origem está ligada aos negros escravizados da etnia bantu, os quais foram trazidos para trabalhar nas regiões de São Paulo, Rio de Janeiro e Minas Gerais.

O jongo acontecia nos poucos momentos de confraternização permitidos a esses negros africanos e seus filhos. Bastante ritualizados, eram e ainda são dançados em roda, com pontos cantados que, além do ritmo e da melodia, tinham um conteúdo espiritual. Antigamente, apenas os mais velhos podiam participar da roda, mas, hoje em dia, ela é aberta à participação de todos.

Os instrumentos responsáveis pelo ritmo são dois tipos de tambores: um grave (caxambu ou tambu) e um agudo (candongueiro). Às vezes, há também uma espécie de cuíca de som grave e um chocalho de palha. Na dança, um casal por vez entra no meio da roda, dançando no ritmo dos tambores, com giros. Em alguns momentos, sugerem um encontro de umbigos (umbigada), mas apenas de longe. Quando saem da roda, são substituídos por outro casal, e assim segue a brincadeira. O jongo é considerado um dos "pais" do samba e é uma forte influência em sua formação.

Apresentação do Grupo Jongo de Piquete (SP), 2007.

Diversidade cultural: ser quem somos

Vimos, neste capítulo, mais um pouco da imensa diversidade cultural do nosso país. Alguns ritmos de que tratamos vêm da combinação das origens indígena, africana e portuguesa. Quando falamos de multiplicidade, no caso de manifestações do nosso patrimônio imaterial, cabe lembrar que essa diversidade não está restrita apenas às festas maiores, mas faz parte do nosso cotidiano.

A culinária característica de uma região, por exemplo, também é um bem imaterial. As vestimentas tradicionais, as melodias populares, as histórias e as lendas, entre outras manifestações, vão sendo transmitidas de geração em geração. O carimbó, o cururu e o siriri, o fandango, o cavalo-marinho e o jongo resistem e podem ser dançados hoje por causa dessa transmissão. Muitas delas são reconhecidas como Patrimônio Cultural Imaterial Brasileiro, o que significa que estão registradas e têm reconhecimento do seu valor cultural para a comunidade e para o país.

Isso não significa, porém, que as tradições permanecem estáticas. Na verdade, a tradição é renovada continuamente a partir das dinâmicas de cada comunidade. Essas manifestações são muito importantes para reafirmar a identidade local e contribuem para a sensação de pertencimento de um grupo. É fundamental que saibamos reconhecer seu valor e respeitar as riquezas e diferenças desses universos únicos que formam, em seu conjunto, a cultura popular brasileira. Quando falamos em diversidade, é importante que falemos de reconhecimento e respeito.

Ritmos pessoais: danças que vêm daqui

- Como é a relação de sua família com as manifestações culturais coletivas de sua comunidade?
- Vocês têm o costume de frequentar alguma festa tradicional popular?

Prepare-se para um projeto coletivo! Vamos colher um conjunto de depoimentos rápidos sobre a cultura imaterial da sua região e, depois, usar esse material para um desafio lúdico.

1. Pergunte a seus familiares e conhecidos sobre as danças e ritmos da sua região. Descubra se algum deles já participou dessas festividades e brincadeiras, não importa se como músico, dançarino, brincante ou espectador.

2. Faça uma lista dos que já participaram. Pergunte se eles concordam em dar uma pequena entrevista. Dependendo dos materiais que tiver disponíveis, você pode escrever as perguntas e respostas ou gravar um vídeo, o que pode ser feito com o celular, por exemplo.

3. Em sala, todos apresentarão as pesquisas, ouvindo e agrupando as danças parecidas.

Danço em todo lugar: daqui para o mundo!

Com a ajuda do seu professor, é hora de compartilhar todo o levantamento que fizeram com uma comunidade bem maior. É hora de usar a tecnologia para apresentar o patrimônio cultural da sua região a outros lugares. Esse compartilhamento pode permitir uma ampliação ainda maior de sua pesquisa e o contato de pessoas distantes com o patrimônio cultural imaterial da sua região.

Momento lúdico

Agora que vocês já fizeram uma pesquisa sobre ritmos e danças da sua região, vamos fazer uma brincadeira. Juntos, construiremos um jogo educativo para brincar, lembrar e aprender os ritmos. A brincadeira será em grupo!

Preparação

1. Cortem papéis, papelões ou cartolinas na quantidade de danças que vocês levantaram, todos do mesmo tamanho. Quanto maior a quantidade, mais divertida e desafiadora será a atividade. Lembrem-se de que podem ser vários tipos de coreografias dentro de um mesmo festejo típico (o fandango, por exemplo, tem uma série de movimentos coreográficos diferentes). Nesse caso, cada coreografia estará numa cartela diferente.

2. Em conjunto com a classe, vocês terão uma tarefa desafiadora e importante: encontrar meios que possam servir de orientação para descrever duas categorias em cada uma das danças: ritmo e movimento. Vale usar palavras, símbolos ou desenhos. As bolinhas indicadas na imagem das cartelas são apenas uma sugestão de marcação do ritmo, por exemplo: as preenchidas podem indicar quando a marcação é mais forte e soa com mais força (chamamos de acento, porque acentuam aquele tempo); as bolinhas vazias indicam sons mais suaves ou continuados. Vocês podem usar esse modelo ou inventar algum outro que funcione com clareza para todos.

3. Para cada uma das danças que vocês pesquisaram, criem uma cartela que vai conter três informações: 1. o nome da manifestação ou dança; 2. indicações de ritmo; e 3. indicações de movimento. É importante que vocês tentem ser específicos.

4. **Atenção:** todas as cartelas devem ter o mesmo tamanho e conter informações apenas de um lado. O verso de todas elas deve ser igual para que não haja como identificá-las enquanto estiverem voltadas para baixo.

Exemplos de como as cartelas podem ser feitas:

Hora do desafio

Coloquem todas as cartelas em um monte. Criem duas equipes. A brincadeira é parecida com o jogo de mímica. Cada grupo tira uma cartela e decide quantas pessoas da equipe irão realizar o desafio e quantas vão tentar adivinhar. As que farão a dança combinam secretamente como vão realizar as instruções contidas na carta.

O desafio é conseguir fazer com que o resto da equipe adivinhe qual é a dança apenas pela combinação de ritmo e movimento.

Importante: não é permitido, em momento algum, falar, cantar ou cantarolar qualquer melodia. Também não se pode tentar contar o nome da dança por meio de mímica. Caso uma equipe faça alguma dessas coisas, perderá o ponto para a outra. Só vale realizar o movimento a partir da indicação da cartela. Vence a equipe que conseguir mais pontos.

Chegada

Festa!

Neste capítulo, passamos por algumas danças e ritmos de todas as regiões do país. Pudemos refletir sobre a imensa riqueza que temos, a quantidade e a formação de manifestações diferentes a partir da mistura das referências culturais que estão na base da construção de cada lugar.

As matrizes indígenas, africanas e europeias se misturaram de diversos modos, dando origem a cores que reforçam a sensação de identidade e pertencimento. Vimos também que, justamente por serem construções coletivas e comunitárias, são parte do patrimônio cultural imaterial, mas não ficam congeladas no tempo. Aos poucos, muitas delas vão se transformando ou se adaptando, com maiores ou menores alterações, de acordo com os costumes locais ou com as transformações da comunidade.

- Você sente as manifestações culturais da sua cidade ou região como parte da sua vida?
- Agora, já imaginou como seria colaborar com a criação de uma festa que envolvesse tantas pessoas, a ponto de se transformar numa tradição do lugar?

Isso aconteceu na Escola Estadual Prof. Dr. Lauro Pereira Travassos, que fica na Vila Missionária, região periférica da cidade de São Paulo (SP). O professor Jacson Silva Matos desenvolveu um projeto pedagógico, buscando saber qual era o interesse dos alunos em relação à Arte, já que a escola recebia pessoas de diversos lugares do Brasil. Muitos deles se identificavam com festas populares e artesanato. Tentando resgatar histórias do lugar, escutou o relato de um aluno sobre uma história original, testemunhada e vivida por pessoas dali. Trata-se do episódio em que três cavalos que costumavam pastar no gramado da escola foram atropelados. Dois deles morreram e foram enterrados no terreno da própria escola: um estava sob a quadra e outro sob o jardim. O sobrevivente ficou manco e passou a receber os cuidados dos alunos até falecer, anos depois.

Esse foi o ponto de partida que serviu de mote para uma festa chamada de Cavalo Noia (nome escolhido pelos alunos). É uma espécie de Boi-Bumbá que desfila pelo bairro em forma de cortejo, como nas festas populares tradicionais, mesclando diversas manifestações – maracatu, cavalo-marinho, carnaval de rua, reisado etc. A festa acontece desde 1999 e vem crescendo. O evento envolve toda a escola na preparação. Funcionários, professores e a comunidade participam da escolha do tema até a criação das roupas, dos bonecos, dos estandar-

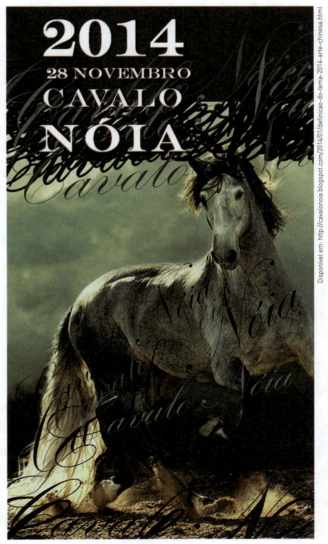

Cartaz da festa Cavalo Noia. São Paulo (SP), 2014.

157

tes e dos ensaios musicais. O projeto já ganhou prêmios, e participou do encerramento da 28ª Bienal de São Paulo (2008), entre outros eventos.

Que tal preparar uma celebração comunitária em sua escola? Pode ser uma festa, um sarau, uma noite de música e dança, entre outras possibilidades. O importante é que seja uma atividade de inclusão e celebração, que envolva toda a comunidade escolar.

Vocês vão se dividir em equipes para que a organização possa acontecer da melhor maneira possível. Depois de decidirem coletivamente como será a celebração, façam uma lista para elencar tudo o que deve ser preparado para que ela aconteça.

Lembrem-se dos aspectos estruturais, como local, acomodações (pensem, por exemplo, se todos vão se sentar no chão, se há alguns bancos e um grande espaço para dança etc., cenários e figurinos (vocês podem usar os materiais disponíveis na escola ou fazer uma campanha de doação, por exemplo). É preciso também organizar se haverá comes e bebes e quem será responsável por levá-los.

Mais importante do que a estrutura, entretanto, será o modo como as manifestações culturais serão apresentadas na celebração. Vocês terão que decidir se irão recriar uma manifestação tradicional – nesse caso, devem buscar fontes, registros e mesmo alguns brincantes da região que possam ajudá-los.

Se a escolha for por um sarau, por exemplo, devem definir quais linguagens serão aceitas e se haverá algum tipo de inscrição prévia dos autores. Seja como for, lembrem-se: é uma ocasião para celebrar as relações entre diversidade e coletividade, pensando que um grupo é formado por indivíduos com suas particularidades, mas que, na soma da presença de todos, as identidades coletivas podem surgir e nos conectar a partir do que temos em comum.

Lembrem-se de estar preparados para registrar as manifestações culturais que acontecerem. Depois da celebração, compartilhem entre vocês e seu professor as impressões sobre todo o processo, desde a preparação até a realização. Se for possível, criem uma página nas redes sociais, com a ajuda do professor, e registrem o evento.

- Como foi apresentar algo para sua comunidade? E assistir às apresentações dos colegas?

Reflitam, conjuntamente, sobre como as relações entre vocês e seus olhares sobre a comunidade se transformaram.

Autoavaliação

Vimos, neste capítulo, algumas festas e danças realizadas pelo Brasil, celebramos sua diversidade e refletimos sobre como somos parte integrante de uma comunidade. A partir do que vimos, responda:

- Quando participa de alguma manifestação cultural da sua região, você acha que isso faz com que se sinta parte da comunidade?
- Olhando para a comunidade escolar com a qual convive, você consegue fazer uma lista das particularidades de alguns grupos? Eles são respeitados em suas diferenças?
- Para você, como foi participar do jogo educativo?
- Como você sente a experiência de participar de uma celebração de construção coletiva?

REFERÊNCIAS

ALVES, Januária Cristina. *Abecedário de personagens do folclore brasileiro*. São Paulo: FTD; Edições Sesc, 2017.

AMARAL, Ana Maria. *Teatro de formas animadas*: máscaras, bonecos, objetos. São Paulo: Edusp, 1991.

ANDRADE, Mário de. *Dicionário musical brasileiro*. Edição coordenada por Oneyda Alvarenga e Flávia Camargo Toni. Brasília: Ministério da Cultura; São Paulo: IEB-USP – Edusp; Belo Horizonte: Itatiaia, 1989.

ARAÚJO, Antônio. *A gênese da vertigem:* o processo de criação de "O paraíso perdido". São Paulo: Perspectiva; Fapesp, 2011.

ARCHER, Michael. *Arte contemporânea*: uma história concisa. São Paulo: Martins Fontes, 2001.

ARNHEIN, R. *Arte e percepção visual*: uma psicologia da visão criadora. São Paulo: Thomson Pioneira, 1998.

AZEVEDO, Ricardo. *Cultura da terra*. São Paulo: Moderna, 2008.

BAIOCCHI, Maura. *Dança*: veredas d'alma. São Paulo: Palas Athena, 1995.

BARBOSA, Ana Mae. *A imagem no ensino de arte*. 8. ed. São Paulo: Perspectiva, 2010.

_____. *John Dewey e o ensino de arte no Brasil*. São Paulo: Cortez, 2001.

_____. *Tópicos Utópicos*. Belo Horizonte: C/Arte, 1998.

BERTAZZO, Ivaldo. *Espaço e corpo*. São Paulo: Editora Sesc-SP, 2004.

BOURCIER, Paul. *História da dança no Ocidente*. São Paulo: Martins Fontes, 2001.

CASCUDO, Câmara. *Lendas brasileiras*. 3. ed. Rio de Janeiro: Ediouro, 2000.

CHRISTOV, Luiza Helena da Silva; MATTOS, Simone Aparecida Ribeiro. *Arte educação:* experiências, questões e possibilidades. São Paulo: Expressão e Arte, 2006.

CYPRIANO, Fábio. *Pina Bausch*. São Paulo: Cosac Naify, 2005.

DONDIS, Donis A. *Sintaxe da linguagem visual*. São Paulo: Martins Fontes, 1997.

FELDENKRAIS, Moshe. *Consciência pelo movimento*. São Paulo: Summus, 1977.

FERNANDES, Silvia. *Grupos teatrais* – Anos 70. Campinas: Editora da Unicamp, 2000.

FONTERRADA, Marisa Trench de Oliveira. *De tramas e fios:* um ensaio sobre música e educação. 2. ed. São Paulo: Unesp, 2008.

FREIRE, Paulo. *Pedagogia da autonomia:* saberes necessários à prática educativa. São Paulo: Paz e Terra, 1996.

GOMBRICH, Ernst. *A história da arte*. 15. ed. Rio de Janeiro: LTC, 1993.

GOODMAN, Nelson, *Linguagem da arte:* uma abordagem a uma teoria dos símbolos. Lisboa: Gradiva, 1976.

HERNÁNDEZ, Fernando. *Catadores da cultura visual*: proposta para uma nova narrativa educacional. Porto Alegre: Mediação, 2007.

_____. *Transgressão e mudança na educação:* os projetos de trabalho. Porto Alegre: Artmed, 1998.

HINDEMITH, Paul. *Treinamento elementar para músicos*. São Paulo: Ricordi, 1988.

HUIZINGA, Johan. *Homo ludens*. São Paulo: Perspectiva, 1999.

JACOBS, Joseph. *A história dos três porquinhos*: um conto de fadas. Rio de Janeiro: Expresso Zahar, 2014.

KOUDELA, Ingrid D. *Jogos teatrais*. São Paulo: Perspectiva, 2001.

LABAN, Rudolf. *Domínio do movimento*. São Paulo: Summus, 1978.

LARROSA, Jorge. *Linguagem e educação depois de Babel*. Belo Horizonte: Autêntica, 2004.

LOBO, Lenora; NAVAS, Cassia. *Teatro do movimento*: um método para o intérprete criador. Brasília: LGE, 2007.

MARTINS, Mirian Celeste; PICOSQUE, Gisa. *Mediação cultural para professores andarilhos na cultura*. São Paulo: Intermeios, 2012.

_____; _____; GUERRA, Maria Terezinha Telles. *A língua do mundo:* poetizar, fruir e conhecer arte. São Paulo: FTD, 1998.

MILLER, Jussara. *A escuta do corpo*: sistematização da técnica Klauss Vianna. 2. ed. São Paulo: Summus, 2007.

MOMMENSOHN, Maria; PETRELLA, Paulo (Org.). *Reflexões sobre Laban, o mestre do movimento*. São Paulo: Summus, 2006.

MOREIRA, Eduardo da Luz. *Os gigantes da montanha*. Belo Horizonte: Edições CPMT, 2014.

MORIN, Edgar. *Os sete saberes necessários à educação do futuro*. São Paulo: Cortez, 2006.

OSSONA, Paulina. *A educação pela dança*. São Paulo: Summus Editorial, 2011.

OSTROWER, Fayga Perla. *Universos da arte*. 9. ed. Rio de Janeiro: Campus, 1991.

PILLAR, Analice Dutra. *A educação do olhar no ensino das artes*. 8. ed. Porto Alegre: Mediação, 2014.

SALLES, Cecilia Almeida. *Redes de criação:* construção da obra de arte. São Paulo: Horizonte, 2006.

SANTOS, Milton. *A natureza do espaço:* técnica e tempo, razão e emoção. São Paulo: Edusp, 2006.

_____. *Da totalidade do lugar.* São Paulo: Edusp, 2005.

_____. *Por uma outra globalização:* do pensamento único à consciência universal. Rio de Janeiro: Record, 2003.

SCHAFER, R. Murray. *A afinação do mundo.* São Paulo: Unesp, 1997.

_____. *O ouvido pensante.* São Paulo: Unesp, 1992.

SILVA, Luciane da. *Corpo em diáspora:* colonialidade, pedagogia de dança. 2017. Tese (Doutorado em Artes Cênicas) – Unicamp, Campinas, 2017.

SPOLIN, Viola. *Improvisação para o teatro.* São Paulo: Perspectiva, 2010.

_____. *O fichário de Viola Spolin.* São Paulo: Perspectiva, 2003.

TATIT, Luiz. *O século da canção.* Cotia: Ateliê Editorial, 2004.

VIANNA, Klaus. *A dança.* Marco Antonio de Carvalho (Colaborador). 3. ed. São Paulo: Summus, 2005.

WISNIK, J. M. *O som e o sentido:* uma outra história das músicas. São Paulo: Companhia das Letras, 2014.

DOCUMENTOS

BRASIL. *Diretrizes curriculares nacionais da Educação Básica.* Brasília: Ministério da Educação/Secretaria de Educação Básica, 2013.

_____. *Base Nacional Comum Curricular.* Brasília: Ministério da Educação/Secretaria da Educação Básica, 2018. Disponível em: <http://basenacionalcomum.mec.gov.br>. Acesso em: mar. 2019.

REFERÊNCIAS *ON-LINE*

INSTITUTO SOCIOAMBIENTAL. Disponível em: <https://pib.socioambiental.org/pt/P%C3%A1gina_principal> Acesso em: mar. 2019.

IPHAN. *Fandango caiçara:* expressões de um sistema cultural. 2011. Disponível em: <http://portal.iphan.gov.br/uploads/publicacao/Dossie_fandango_caicara1.pdf>. Acesso em: mar. 2019.

_____. *Modo de fazer viola de cocho.* 2009. Disponível em: <http://portal.iphan.gov.br/uploads/ckfinder/arquivos/Dossie_modo_fazer_viola_cocho.pdf>. Acesso em: mar. 2019.

_____. *Registro do teatro de bonecos popular do Nordeste: mamulengo, Babau, João Redondo e Cassimiro Coco.* 2014. Disponível em: <http://portal.iphan.gov.br/uploads/publicacao/dossie_teatros_bonecos1.pdf>. Acesso em: mar. 2019.

_____. *Samba de roda do Recôncavo Baiano.* 2006. Disponível em: <http://portal.iphan.gov.br/uploads/publicacao/PatImDos_SambaRodaReconcavoBaiano_m.pdf>. Acesso em: mar. 2019.

MUSEU CASA DO PONTAL: Disponível em: <www.museucasadopontal.com.br>. Acesso em: mar. 2019.

MUSEU DA DANÇA. Disponível em: <http://museudadanca.com.br/>. Acesso em: mar. 2019.

MUSEU DO ÍNDIO. Disponível em: <www.museudoindio.gov.br/>. Acesso em: mar. 2019.

NASA. Disponível em: <https://voyager.jpl.nasa.gov/mission/status/>. Acesso em: mar. 2019.

PINACOTECA DO ESTADO DE SÃO PAULO. Disponível em: <http://pinacoteca.org.br/>. Acesso em: mar. 2019.